U0792638

高等职业教育广播影视节目制作专业系列教材

电视新闻制作

主　编　王晓翠　刘传琳

副主编　李延杰　亓越　周颖　王娜　张瑒　刘涛

中国水利水电出版社
www.waterpub.com.cn
·北京·

内 容 提 要

本书采用活页教材的形式，通过项目化教学的方式，将电视新闻的制作技能分化到四个项目中，是理论与操作技术的有机结合，具有很强的应用性、实践性。全书详细介绍了电视新闻制作的各种实用技能，内容包括短消息电视新闻制作、时政新闻制作、长消息电视新闻制作、电视新闻专题制作等。

本书适用于掌握简单电视新闻的初学者、传媒类的高职高专学生，以及想提升专业技能的传媒工作者。

图书在版编目（CIP）数据

电视新闻制作 / 王晓翠，刘传琳主编. -- 北京 ：中国水利水电出版社，2022.2（2024.11 重印）
高等职业教育广播影视节目制作专业系列教材
ISBN 978-7-5226-0486-2

Ⅰ. ①电… Ⅱ. ①王… ②刘… Ⅲ. ①电视新闻－电视工作－高等职业教育－教材 Ⅳ. ①G222

中国版本图书馆CIP数据核字(2022)第026553号

策划编辑：石永峰　责任编辑：张玉玲　加工编辑：刘　瑜　封面设计：梁　燕

书　名	高等职业教育广播影视节目制作专业系列教材 电视新闻制作 DIANSHI XINWEN ZHIZUO
作　者	主　编　王晓翠　刘传琳 副主编　李延杰　亓越　周颖　王娜　张瑒　刘涛
出版发行	中国水利水电出版社 （北京市海淀区玉渊潭南路 1 号 D 座　100038） 网址：www.waterpub.com.cn E-mail：mchannel@263.net（答疑） sales@mwr.gov.cn 电话：（010）68545888（营销中心）、82562819（组稿）
经　售	北京科水图书销售有限公司 电话：（010）68545874、63202643 全国各地新华书店和相关出版物销售网点
排　版	北京万水电子信息有限公司
印　刷	三河市德贤弘印务有限公司
规　格	184mm×260mm　16 开本　13 印张　292 千字
版　次	2022 年 2 月第 1 版　2024 年 11 月第 2 次印刷
印　数	2001—4000 册
定　价	52.00 元

前　言

习近平总书记在党的二十大报告中指出："讲好中国故事、传播好中国声音，展现可信、可爱、可敬的中国形象。"随着数字化技术在传媒行业的普遍应用，电视新闻的制作理念和采写编技巧也在同步更新。在当下电视新闻制作的学习中，我们既要保持住作为传媒人的初心和使命，坚持党性原则，坚持新闻制作的基本原则，同时，要引入新的制作理念，借助新技术手段，提升电视新闻制作水平。

本书的编者队伍既有在行业深耕三十年的老记者，也有资深的一线专家，还有在课堂上从事多年电视新闻教育的老师，通过对电视新闻的相关知识点和案例进行梳理，对电视新闻制作的实践操作，便于读者更直接地理解相关理论，做到理论性与实战性的结合，满足高等院校现阶段对电视新闻教材的需求。

本书内容新颖、实操性强，既适合作为高等院校新闻采编、网络与新媒体等相关专业的教材，也可供各行各业从事宣传工作或对电视新闻制作感兴趣的读者阅读。本书强调实践性和动手能力，能让读者在了解相关电视新闻理论的前提下，对类似选题进行采写制作等实践。

1. 本书主要内容

本书作为一本电视新闻制作的指导书，深入讲解了电视新闻制作的技巧。本书共分为四个项目，具体内容包括：短消息电视新闻制作、时政新闻制作、长消息电视新闻制作、电视新闻专题制作等。

2. 本书特色

（1）立足实际应用。本书内容从电视新闻的策划到电视新闻的拍摄准备与技巧，从解说词的写作到镜头的后期制作，全面体现了以应用为主的特色。

（2）直观教学，对接企（行）业生产流程。本书采用大量行业案例，用案例、图表等形式，帮助读者在实操过程中更直观、更清晰地掌握电视新闻的制作方法和技巧。

（3）适用范围广。编者奋战在传媒行业一线多年，拥有独到的、丰富的经验，不管读者处于什么年龄阶段、基础如何，只要想学习电视新闻制作，都可以在本书的指导下进行相关电视新闻制作。

本书由王晓翠、刘传琳任主编，李延杰、亓越、周颖、王娜、张瑒、刘涛任副主编，由高校教师与传媒一线从业人员共同编写。同时感谢山东教育电视台、山东广播电视台所给予的案例支持。

由于编者水平有限，书中难免有疏漏之处，恳请广大读者批评指正。

编　者

2021 年 11 月

目　录

项目一 短消息电视新闻制作

教学目标

知识目标

1. 了解电视短消息的概念及分类
2. 掌握电视短消息选题策划的要素
3. 掌握电视短消息解说词的写作方法
4. 掌握电视短消息镜头构图的元素与方法
5. 了解电视短消息拍摄的器材与道具
6. 了解编辑电视短消息的常用软件
7. 掌握电视短消息的传播方式及平台

能力目标

1. 能够根据主题，制订电视短消息制作的目标
2. 能够根据制作要求，撰写电视短消息策划方案
3. 能够结合素材和镜头，撰写电视短消息分镜脚本
4. 能够熟练利用拍摄器材和道具，完成电视短消息画面拍摄
5. 能够充分利用网络，收集电视短消息制作素材
6. 能够运用剪辑软件，完成电视短消息镜头排列组接，合成导出
7. 能够根据目标用户，进行电视短消息的多平台传播
8. 能够根据电视短消息的传播数据，进行效果跟踪与内容优化

素质目标

1. 能够在电视短消息选题策划与设计阶段，提出创新的选题与构思
2. 能够和团队成员协作，共同完成实训任务

思政目标

1. 培养新闻制作的拍摄、写作的审美意识，提高镜头的审美能力，借助镜头表达主题思想，爱国、敬业、诚信的社会主义核心价值观。

2. 满足全媒体时代数字化采编的要求，实现“新闻+技术”复合型人才的培养目标，“讲好中国故事，传播好中国声音”。

3. 在电视短消息制作过程中坚持党性原则，在经典的新闻案例中传播优秀传媒工作者的爱党爱国精神、奉献精神，同时，挖掘中华优秀传统文化、人文素养，打造思政教育资源，培养规范操作的意识和较强的专业精神。

4. 传播“铁肩担道义，妙手著文章”的职业理念，培养传媒人敢于担当、传播真善美、揭露假恶丑的使命和责任。

思维导图

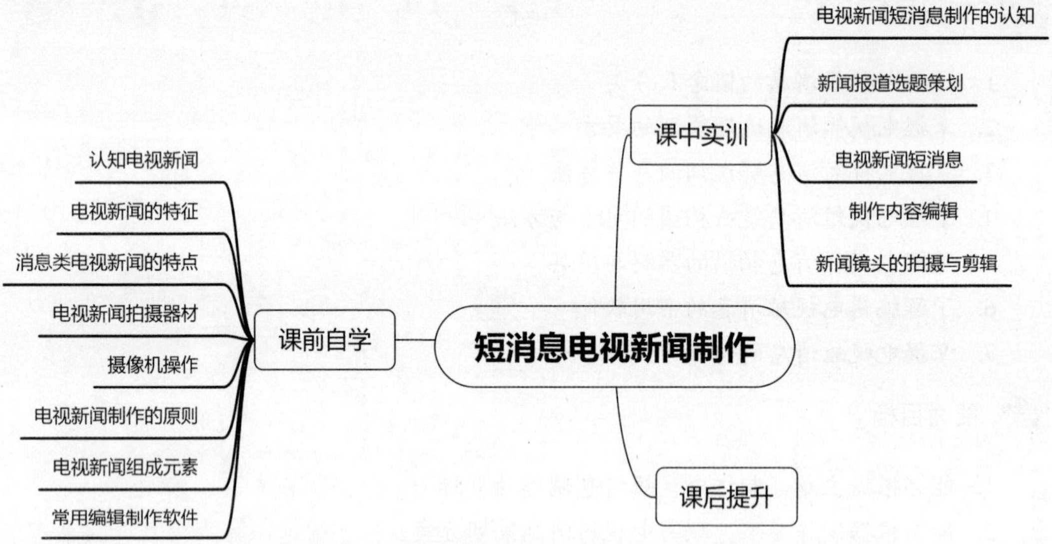

课前自学

一、认知电视新闻

（一）什么是电视新闻？

今天我们对“电视新闻”定义的界定，是基于电视这一载体，借助所依托的现代电子技术手段，并融合了新媒体技术的特征。所谓电视新闻，就是运用现代电子技术，通过电视屏幕，形象地向观众传递新闻信息的一种手段，它通过采访、拍摄、剪辑、写解说词、配音等程序完成。它以声音、画面为传播符号，对新近或正在发生、发现的事实进行报道。

上述电视新闻的界定包括对电视新闻的共性规律与其个性特征两方面的概括，适应了融媒体时代的传播特征，这是进行电视新闻制作时所沿袭的流程和遵循的规律。

（二）电视新闻的分类

电视新闻专业性很强，它的种类划分标准现在并不统一，按不同的国界、媒体、内容等有不同的划分方式，按不同的界定范围就会有不同的分类方法，电视新闻分类主要有下述几种方法。

按新闻内容分类：时政新闻、经济新闻、社会新闻、人物新闻、文教新闻、体育新闻等。

按时长和类型分类：消息类新闻、专题类新闻、评论类新闻。

按新闻性质分类：静态新闻与动态新闻、硬性新闻与软性新闻等。

按新闻题材涉及的地域范围分类：地方新闻、国内新闻、国际新闻等。

按中国新闻奖评选办法——电视作品参评项目分类：消息类、新闻专题类、评论类、系列（连续、组合）报道类、新闻访谈节目类、新闻现场直播类。

按普利策新闻奖评选办法——电视作品参评项目分类：公共服务奖、报道奖、社论奖、漫画奖、批评评论奖、通讯奖、特写奖、新闻摄影奖等。

二、电视新闻的特征

（一）传播内容的真实客观性

真实是新闻的生命，这对电视新闻来说也是第一要素，也是电视新闻的本质要求。

电视新闻的真实性主要体现在以下四个方面：一是真实权威可靠的消息源；二是选择的新闻事实必须真实；三是报道内容必须真实，尤其是涉及有争议的问题时，必须让新闻事件的所有当事人都有发声机会，即使是对立的观点，也要一同展现，让新闻所呈现的事实跟客观事实一致；四是制作新闻的手段必须真实，电视新闻是通过画面、声音双符号来传播的，这既是电视新闻的传播特点，也是其传播优势。

2007 年 7 月 8 日北京电视台生活频道《透明度》栏目播出的《纸做的包子》，记者訾北佳人工炮制了新闻，并通过人工演绎的方式拍摄了“纸箱馅包子”的制作过程，同时，在节目后期制作中，又通过剪辑画面、虚假配音等方法进行了后期编辑制作。

这个假的电视新闻播出后，被国内外的多家媒体转载转播，引发了国际社会的关注，掀起了一阵舆论狂潮，并被日本等国际媒体利用，妖魔化中国食品的质量问题，最后这个虚假新闻炮制者訾北佳因犯损害商品声誉罪，被判处有期徒刑 1 年，并处罚金 1000 元。

电视新闻的制作过程中的各个环节要把握真实性的原则，将真实的事实与真实的声画有机结合，充分展现新闻现场的所见所闻，与事实的真相统一，这样才能体现新闻的真实感，这也是电视新闻报道的第一法则。

（二）传播时效的无延迟性

电视新闻传播的载体是电波，电波以每秒钟 30 万公里的高速度传播，使电视新闻可以同步，时间差几乎是零，借助电视这一载体传播的技术基础，实现了“即时传播”，电视新闻因为时效性大放异彩，其现场直播等报道方式让观众深刻体会了电视新闻的“快”的魅力。但当前，作为传统的电视媒体面对新兴的网络媒体，特别是移动互联网的迅猛发展，“快”并不是其绝对优势。

当前，电视新闻都走向了“中央厨房”式的融媒体生产方式，即“一次性采集、多媒体呈现、多渠道发布”。电视媒体所生产的内容搭载新媒体传播平台，增强了其与受众的互动，在加强内容建设的同时，也增强了传播速度和传播效果。

在发生的突发事件性新闻时，充分利用现有的传播的技术手段，追踪新闻事件的最新报道，发布最新消息，这就体现出新闻的价值。

（三）表现手段的形象多样性

电视的声画语言给观众带来了直接的观感，借助图像、声音、文字、色彩等多种传播手段传播，视听结合，形声并茂，同时作用于受众的听觉、视觉器官，能生动形象地展示新闻现场的画面，其画面的直观性带来了文字无法达到的视觉冲击力，比其他传统媒体具有更强的表现力。

视觉元素有现场新闻事件动态、人物形态、环境展现等，有照片、图表、动画以及文字图像等；听觉元素有旁白、解说、同期声、音乐、音响等。利用这些声、形、光、色等元素，相互组合、碰撞，发挥综合传播的优势。

电视新闻通过具体的、典型的视听觉形象将新闻事件的始末、现场气氛，如实地展示给观众，使观众对新闻事件产生“身临其境”之感。1995 年中国电视奖获奖新闻专题《难圆绿色梦》（中央电视台）揭示的是人与自然、人类生存的永恒主题。可以说，主题并不新鲜。但是，其成功的关键就在于记者在片中充分调动了电视诸多视听元素，并且电视化地凸现了各元素之间的组合、碰撞，加强了主题的深度、力度、厚度。

电视新闻的形象性使之对客观事实的报道真切实在，能把新闻事态的发生发展，新闻人物的原始语言，不加加工地传递给观众，并把现实的再现与思想意识的表达紧密交织起来，寓观点和立场于直观真实之中，让观众自己去品味、去感受，并从中得到启示。

（四）传播方向的双向互动性

传统的电视媒体已经打破了媒体内容传播的单向的线性模式，邀请受众参与其中，这种传播模式的开放性，让受众能直接参与到事件的进程中去，传播的内容能引发观众的联想和共鸣，并认同传播者对新闻事实的评判。这种方式增强了传受双方的互动性，增强了受众参与传播活动的可能性，加深了观众对新闻的认可度。特别是融媒体时代，电视新闻借助新媒体平台，更直接地与观众接触，第一时间展示与观众的互动信息。

现在借助新媒体的平台，“二维码”正在成为电视新闻的标配，电视机前的观众可以通过手机扫描二维码实时参与互动，这是真正意义上实现了双屏互动，改变了人们传统观看参与电视新闻的方式。观众不仅能观其形、闻其声，产生身临其境的感觉，还能通过话题互动、意见交流参与这个新闻报道，随着事件的发展、事态的变换而兴奋、激动，形成观众与屏幕传播内容之间的互动，使得观众与电视的传播内容之间具有一种亲近感和参与感。

除此以上显著特征之外，电视新闻在进行新闻素材选择、进行新闻报道时依然要具有新闻的其他特性，包含了客观性、公正性、社会性等特性。

三、消息类电视新闻的特点

消息类电视新闻是采用声画合一的电视传播方式，对国内外新近或正在发生、发现的新闻事件进行快速、广泛、简短报道的一种新闻节目形态。此类新闻观众面广、信息量大，具有快捷、短小、鲜活的特点。它旨在以真实、客观为基点，迅速、广泛、简短地报道国内外新近或正在发生、发现的事实。消息类电视新闻是电视新闻中最基本、最普遍、最大量采用的报道形式，是电视新闻中的“轻骑兵”，在电视新闻性节目中处于主体、骨干地位。

短消息一般在 1 分半以内，主要侧重于事件（what），它以“一个事件、一个现场和一个主题”为特点，要求视角新颖、主题鲜明、视觉冲击力强。长消息时间长度一般在 4 分钟以内。它的特点是以非事件性报道为主，要求在短消息基础上在时空上有一定拓展和延伸，要有一定的立意和深度，同时运用多种电视表现元素，不但要报道新闻的事实，还要研究事件的前因后果，反映出事件的整个过程与社会意义。

2019 年中国新闻奖的评选标准规定：消息类作品要求新闻性强、时效性强，语言文字简明扼要、表述准确，逻辑清晰，有完整的新闻要素。

四、电视新闻拍摄器材

“工欲善其事，必先利其器”。电视新闻制作是一个实践性很强的工作，一个电视新闻作品，需要从要从挑选合适的电视新闻拍摄器材开始。

数字摄像机的普及和存储卡的可重复利用，让新闻拍摄无技术门槛，公民记者已经非常普及。当前几个大的短视频新闻网站如梨视频等，将内容生产完全开放给“拍客”，这些没有新闻专业基础的“拍客”稍加训练，就成了视频新闻内容的生产者。

1. 普通设备：手机

现在智能手机的拍摄功能已经很强大了，设置上也越来越专业化了。各式各样的拍照模式出现，给用户更多的选择权，白平衡、尺寸和感光度都可以在手机上进行设置。

拍摄过程中手机要拿稳，不能有晃动。为了让手机更加稳定，在拍摄的时候一定屏住呼吸，在对焦结束重新构图的时候尽量不要让镜头与焦点角度变化太大。使焦点仍在对焦时的同一平面内最好，当手机进入存储状态时再动。手机快门是有时滞的，快门响了便认为已经拍摄完成是一个错误的认知。

2. 专业设备：单反

随着单反相机摄像功能的兴起，越来越多的新闻摄像工作者慢慢开始舍弃笨重的摄像机，转用单反相机来拍摄视频，它的优势在于以下几点。

（1）可以做到虚化。

（2）丰富的镜头群。

（3）高感光度。

（4）简单方便。

（5）价格较为便宜。

（6）画面相对细腻，省去后期处理的时间。

3. 专业设备：数字式摄像机

以常用的索尼 180 摄像机为例，有更好的取景器方便拍摄时取景，价格在一万左右，相比单反而言，摄像机更加笨重，不易操作。摄像机的结构基本相同，主要由三个部分构成：摄像机机头、摇摄云台和三脚架。

五、摄像机操作

（一）准备阶段

摄像机的认识及使用

（1）调节白平衡。

（2）确定光圈值。

（3）聚焦。

（二）拍摄的基本要求

摄像师到了新闻现场，首先要根据新闻主题思想的要求去选取景物，进行构图，以拍出富含信息量、富有表现力的新闻画面。其中，角度的选择、景别的运用及用光技巧在拍摄中显得尤为重要。

摄像操作要领，可以概括为：平、稳、准、匀。

六、电视新闻制作的原则

（一）坚持党性原则

党性原则是当前电视新闻舆论工作的根本原则，在准确把握新闻规律的前提下，坚持党性原则与遵守新闻规律是辩证统一的。坚持党管媒体，把各级各类新闻舆论阵地都置于党的领导下，不断巩固党的领导权、管理权、话语权，是新时期加强和改善党对新闻舆论工作领导的必然要求，也是新闻舆论工作坚持党性原则的现实基础。

（二）坚持新闻性原则

在融媒体时代，电视媒体应担起自己作为主流媒体的责任和义务，遵循新闻规律。电视新闻工作者应发挥媒体人的工匠精神，依托新闻职业道德，弘扬新闻工作者的优良作风，树立受众意识，让电视新闻真正做到知新创新，以受众需求为立足点，制作出群众真正喜闻乐见的新闻，要杜绝千篇一律的公式化宣传、改变不切实际的口号化宣传，适应当前分众化、差异化传播趋势，坚持电视的特色，并充分利用多元化传播手段。

（三）坚持电视化原则

电视的特点在于声画并茂，视听结合，通过多元的表现元素，给人以视觉和听觉的双重感受，声音元素包括：解说、同期声、实况声响、音乐等；图像元素包括：图像、字幕、地图、漫画等。电视的优势在于融合运用多元素的综合优势，让每一种元素都服务于同一条新闻中，各自发挥作用，既相互配合又互相补充，立体化传播，制作现场感强、感染力高的新闻作品。

七、电视新闻组成元素

电视新闻的
组成元素

从新闻的组成角度来看，电视新闻首先具有新闻的共性，既新闻六要素：5W+H，即 Who、When、Where、What、Why、How（何人、何时、何地、何事、何故，如何）。新闻只有交代清楚人物、时间、地点、原因、过程，才能使受众觉得新闻实实在在。

新闻要素分为两个类别，一个是标志要素，一个是中心要素。

何时（When）、何地（Where）、何人（Who）是电视新闻的标志要素，标明新闻事实的实在性，这三个新闻要素的功能实质上是对电视新闻的完整展示。

从电视新闻的表现手法来看，电视新闻是多种符号的综合传播，作用于受众的视觉和听觉感官，视听结合，形声并茂。多符号的传播特点，构成了电视新闻表现元素的丰富多样：从视觉画面上看，有人物的形象神态和现场环境，有动态图像、图表、漫画、动画以及屏幕文字等；从听觉形象上看，有解说、音响、同期声、音乐等。在这一章里我们着重从电视新闻的表现手法来分析其组成元素。

八、常用编辑制作软件

电视新闻制作软件有很多，有些是专业软件，有些则是容易制作的小软件，每款软件有其特点和优势。下面介绍几款常用的短视频制作软件。

（一）Premiere

Premiere 是一款常用的专业视频编辑软件，功能齐全。它提供了采集、剪辑、调色、美化音频、字符添加、输出、DVD 刻录的一整套流程，还能对视频来材进行各种特技处理，包括切换、过滤、叠加、运动及变形等处理。Premiere 的兼容性较强，能和 Adobe 公司推出的其他软件相互协作，如 After Effects、Photoshop 等。

使用 Premiere 能做哪些事情？

（1）剪辑视频，把一段视频或多段视频修剪、拼接成一段完整的视频；也可以剪下电影的一个片段，或把一部电影剪辑成只有几分钟的视频。

（2）为视频添加各种字幕，如对白字幕、贴图文字。

（3）简单地抠像，如抠纯色绿幕背景，抠简短、简单的动作。

（4）给视频调色，修改、替换颜色和色相饱和度，突出颜色、亮度等。

（5）调节画面的平面运动，如调节画面的移动、远近、旋转、翻转、透明度、关键帧运动、画面多镜头表现等。

（6）添加各种效果，如画面的模糊、羽化、镂空、叠加、扭曲图像、花式转场等。

（二）会声会影

会声会影是一款智能、快速、简单的视频剪辑软件，其灵活性和易用性广受大众欢迎。其功能比较强大，具有图像抓取和编修功能。它主要的特点是：操作简单，适合家庭日常使用，具有完整的影片编辑流程解决方案，实现从拍摄到分享整个流程操作。

会声会影为用户提供了多种滤镜，用户在剪辑视频时，可以将滤镜应用到视频中，这样不仅可以弱化视频的瑕疵，还可以令视频产生绚丽的视觉效果，使制作出的视频更具表现力。

（三）iMovie

iMovie 是一款由苹果公司出品的剪辑软件，支持 Mac 和 iOS 设备，它因为简洁而受到用户欢迎，大多数的操作只需要单击和拖拽就能完成。

（四）爱剪辑

爱剪辑是一款全能的免费视频剪辑软件，支持苹果与安卓手机系统、PC 端设备，操作简单，可以实现零基础上手，包括滤镜功能、炫酷转场、MTV 字幕、去水印等功能。

自学自测

一、单选题

1．新闻写作的第一要领是（　）。

A．真实　B．灵活　C．鲜明　D．迅速

2．新闻是“易碎品”，因此新闻记者采写新闻要讲究（　）。

A．按需报道　B．有闻必录

C．争取时效　D．用事实说话

3．狭义的新闻就是指（　）。

A．消息　B．通讯　C．新闻素描　D．简讯

4．作为一篇消息的有机组成部分，重在补充、反衬或烘托新闻事实和新闻主题的重要部分是（　）。

A．导语　B．主体　C．背景　D．结尾

5．记者通过事实所表达出来的主观意图，是指（　）。

A．新闻角度　B．新闻主题

C．新闻题材　D．新闻观念

6．所谓事实决定新闻主题，指的是（　）。

A．主题来自“头脑风暴”　B．主题与题材一致

C．主题源于客观事实　D．从事实到新闻事实

7．消息文体中最简短的一种是（　）。

A．特写　B．简讯　C．动态消息　D．新闻公报

8．动态消息的特点是（　）。

A．多事一报　B．一事一报

C．夹叙夹议　D．寓意深刻

9．在消息分类中，特别注意时效的消息文体是（　　）。

A．经验消息　　B．动态消息

C．综合消息　　D．述评新闻

10．把最新鲜、最重要、最吸引人的事实材料放在前面的是（　　）。

A．动态消息的结构　　B．简明消息的结构

C．综合消息的结构　　D．经验性消息的结构

二、简答题

1．简述电视新闻的特征。

2．简述消息类电视新闻的特点。

3．简述电视新闻的拍摄器材种类。

三、论述题

新闻真实性基本要求有哪些？新闻报道失实的原因有哪些？请结合具体案例进行论述。

课中实训

开学第一周

实训目标

本次实训为电视短消息新闻制作，通过电视新闻短消息制作的认知、新闻报道选题策划等系列操作，使学生能够掌握制作电视新闻短消息制作的技巧，能够协同完成本次“开学第一周”电视新闻短消息制作。

思政目标

1．以中央电视台短消息新闻《开学第一天：我哭了》或以其他优秀的开学第一周的新闻报道为例，了解并学习优秀新闻的选题、分镜头脚本、解说词、镜头、剪辑等相关知识。

2．以短消息电视新闻制作为主线，提升课程的高阶性，突出课程的创新性，并通过学习优秀新闻，培养学生追求卓越和务实的精神，巩固其专业思想。

3．将课程内容、教学案例、专业实践中的思政元素整理出来，挖掘和利用社会热点问题中的的思政资源，将它们及时融入专业课程的课堂教学，在潜移默化中引领大学生培育和践行社会主义核心价值观。

实训项目

本次实训以下项目二选一，可以选择书中提供的开学第一周实训项自选活动自主选择题目完成。

项目一：依托新闻传播系的真实活动，以讲座、文艺晚会或各种特色的活动为背景，为新闻传播系拍摄电视新闻短消息新闻，镜头数量不得低于 16 个，配有解说词和新闻标

题，最后形成时长在 1 分半的电视新闻短消息成片。

项目二：学生根据实际情况，自选校内活动，自主选题，对该活动进行采编制作，拍摄成短消息电视，镜头数量不低于 16 个，配有解说词和新闻标题，最后形成时长在 1 分半的电视新闻短消息成片。

实训步骤

1．完成知识拓展、课前自学、课后提升，整合电视新闻短消息制作的相关知识。

2．本次实训拆分为四大部分，包含 12 项实训任务，请按照电视新闻短消息制作工作过程依次完成实训任务。

3．实训过程中可采取线上和线下混合学习的方式，学生以小组为单位协同合作，拆解学习电视新闻短消息的经典案例，结合自己的短消息选题，进行拍摄和制作。运用新媒体工具辅助短消息新闻的制作和推广，通过任务书集思广益，共同完成本次实训任务。

4．本次实训的最终成果是在微信公众号或选定的自媒体平台上发布短消息新闻并进行宣传以取得良好的效果。其中，每项任务的实训成果需要整理到相关表格（表格可以另外附页）或以思维导图的形式呈现。

实训资料

中央电视台短消息《开学第一天：我哭了》文字稿

早上刚起床陈立就不停地说话，不停给三岁儿子林浩楠打气。离开父母的怀抱进入陌生环境，哭鼻子是宝宝发泄情绪的利器，看到自家孩子总算没哭没闹，陈立心才踏实了不少。不过大部分的宝宝们都是上学路上开开心心，离开父母时拉着父母的衣服就哭个不停，小宝宝们泪眼婆娑，一副可怜的样子。幼教专家介绍，孩子和家长之间存在一种叫分离焦虑的情绪，大多数孩子短则两三天，长则十天半月就能适应。为了减轻这种分离焦虑，最好的办法就是送孩子进幼儿园后即刻离开，如果让孩子发现你偷偷看他们，反而激发他们的依赖情绪，适应期会更长。

中央电视台短消息《开学第一天：我哭了》分镜头脚本

序号	景别	拍摄方式	画面内容	时长
1	全景	固定	陈立给儿子穿衣服	1.5s
2	中景	摇镜头	陈立给儿子穿衣服	1s
3	近特写	摇镜头与特写	陈立给儿子穿衣服	2s
4	近景	固定	陈立给儿子喂饭和打气	4s
5	中景	固定	家长抱着哭的孩子	1s
6	近景	固定	家长给哭的孩子擦泪	1s
7	中近景	固定	家长把孩子交给老师	1.5s
8	全景	固定	孩子们一起玩耍	1.5s
9	特写	固定	一个孩子捂着耳朵	2s
10	近景	固定	老师安慰哭的孩子	2s

续表

序号	景别	拍摄方式	画面内容	时长
11	特写	固定	痛哭的孩子泪流满面	2s
12	近景	固定	在哭的孩子	2s
13	全景	固定	教室里孩子哭闹	2s
14	全景	固定	老师抱着正在哭的孩子	3s

实训一　电视新闻短消息制作的认知

任务一　电视新闻短消息案例分析

结合下面的新闻案例，对电视新闻短消息进行分析，注意新闻真实性对电视画面的要求，画面要能呈现新闻事件的发展过程，并反映新闻事件的本质，在拍摄时做好新闻画面的选取工作，注意画面要表现现场气氛，并有对新闻内容的侧重点有所表现。

广东卫视短消息新闻《开学临近　学生“泡馆”赶作业》文字稿

春节假期结束，下周一学生们也将重返校园，迎来新学期的校园生活。不过，眼下很多玩疯了的学生正在为寒假作业烦恼，不少人正抓紧最后的时间赶作业，甚至成群结队地到图书馆去抄作业。据悉，这几天广州图书馆的人流量比节前翻了一倍。

背着大书包，摆满了作业本儿，写累听音乐，桌上摆电脑，图书馆俨然变成了自习教室，家长也丝毫不敢放松，索性陪同孩子一起作战。

同期声（家长 龙小姐）就是这一册的语文的词语都要听写一遍，剩下这个听写，还有他的作文都写完了，但是写得不太好。

当然，更有小伙伴结伴而来的，方便完成小组作业，顺便为开学提前热身。

同期声（初三学生 小琦）：就温习一下下学期的东西。

馆方说这几天所有阅览室全部开放，但仍不能满足需求。

同期声（广州图书馆文献馆主任：陈思航）：九点钟之前他们就已经聚集在这个大门口排队，从初四开始的话就接近了 1 万，甚至超过 1 万多了，基本上是学生吧。

假期玩儿的太开心，这个时候才来临时抱佛脚。

同期声：那为什么到现在才来做呢？

同期声（三年级学生 小浩）：因为我和爸爸妈妈去旅游了。

估计还要做多长时间才能做完。

同期声（三年级学生 小浩）后天。

有家长认为泡馆赶作业，也是无奈之举，比起缺乏创新与实践的寒假作业，他们更愿意让孩子去旅行看世界。

同期声（家长 袁小姐）：我就希望老师尽量安排小孩子做一些有意义的事情，就是特别是暑假让小孩多看一下书，走出去，尽量让他去少去做那些很死板的作业，可能孩子就不会去（找人）代写作业了。

广东卫视短消息新闻《开学临近 学生“泡馆”赶作业》镜头分析

镜号	画面	景别	角度	画面内容	时间
1		全景	平	展现图书馆人多	2s
2		特写	俯	展现人们到图书馆的目的	2s
3		中近景	俯	展现人们在图书馆中的各种状态	3s
4		全景	俯	再次展现图书馆的人多	4s
5		中景	俯	家长也参与到补作业当中来	4s
6		近景	俯	孩子补作业，字迹潦草	4s
7		中景	俯	采访家长龙小姐来图书馆的原因和目的	8s
8		远景	平	展现图书馆中部分人群的忙碌	3s
9		中近景	俯	奋笔疾书的学生	3s
10		中近景	平	通过中近景展现学生的忙碌	2s
11		中景	俯	通过采访小琦，了解小琦来图书馆的目的	3s

续表

镜号	画面	景别	角度	画面内容	时间
12		全景	俯	画面中展现了图书馆的人多，再次暗示主题	4s
13		中景	俯	坐在一张桌子前的人们十分忙碌	4s
14		中近景	平	采访图书馆主任，了解近期图书馆的人流量	4s
15		全景	平	通过人流画面，展现人流量多	6s
16		中近景	平	画面再次切回对图书馆主任的采访	3s
17		全景	俯	画面再次切入图书馆内的情况	3s
18		近景	俯	学生写作业，做练习题	4s
19	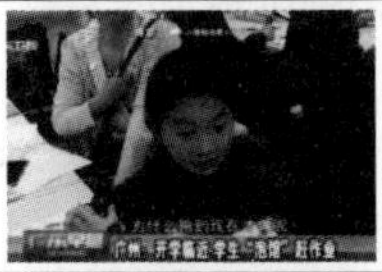	中近景	俯	采访小浩来图书馆写作业的原因	6s
20		中景	俯	小浩与妈妈忙碌地补作业	2s
21		中近景	俯	画面再次切回对小浩的采访	3s
22		全景	俯	画面再次切入图书馆内的情况	2s

续表

镜号	画面	景别	角度	画面内容	时间
23		中景	俯	家长陪孩子补作业	4s
24		近景	平	学生和家长一同补作业	4s
25		中景	俯	再一次展现图书馆现场	4s
26		中近景	平	采访家长袁小姐，袁小姐表达了自己对此事件的看法	8s
27		中近景	俯	画面切入图书馆内	5s
28		中近景	俯	一名小女孩在奋笔疾书	3s
29		中近景	平	画面切回对袁小姐的采访	7s

知识拓展

镜头剪辑与制作

电视是需要诉诸受众视觉的艺术，使受众在观看时感到自然、流畅，是画面剪辑的一个基本要求。上下镜头衔接是否顺畅的要点在于：两个镜头是否匹配，当它们组接在一起时，受众的注意力是否能够从上一镜头自然地转换到下一镜头，而不至于产生很大的心理落差，甚至产生不舒服的感觉。

选择有信息量的画面。对于电视新闻来说，它的主要功能是传播信息。因此，在选择画面时一定要选择信息量大、“含金量”高的画面。为了新闻的信息含量，记者在进行画面剪辑时尽量使用这样的画面：传达动态信息的画面、典型的细节画面、保持信息完整的长镜头画面。

一、镜头选择

电视新闻真实性的特征要求新闻画面让事件的发展过程动态性地展示出来，让被采访的对象及事物保持原状。电视新闻所拍摄的画面体现真实性，具有极强的说服力，其反映了新闻事件的本质及特性，更容易引发观众思考。在剪辑之前，需要对相关画面进行分类整理，做好新闻画面的选取工作。

新闻画面的选择标准包括以下几个方面。

（1）真实：新闻画面传递的这一事件是真实的。

（2）画面包含的景象必须新鲜，色彩鲜明，清晰。

（3）画面可以将新闻事件的现场气氛表现出来，充满感染力。

（4）新闻画面必须对新闻内容的侧重点有所表现。

（5）文字说明要规范，描述画面的事实，包括日期、人物、事件等要素必须精确严谨，然后说明新闻事件的背景，最大限度地保证新闻的真实性和客观性。

新闻最重要的就是真实性，而通常采访新闻的时候，内容很多，时间很长，但是播出的时间有要求，所以在后期剪辑的时候应该运用缩略法：解说词+画面（重要讲话可用同期声）。

二、镜头的内容叙事逻辑

（一）画面内容的逻辑性

电视画面在镜头组接时先要考虑镜头衔接、场景转换段落构成的逻辑性，即画面内容叙事的逻辑性，这也是整个电视编辑工作的基本内容，即故事情节叙事的逻辑性、人物事件关系的逻辑性和时间空间转换的逻辑性。首先，先要符合生活逻辑，指事物本身发展的客观规律；同时，还要符合观众的思维逻辑，指人们观看电视时的心理活动规律。此外，符合人们的思维逻辑，还应注意镜头之间的内在联系，或者是因果联系，或者是冲突关系，或者是平行动作等关系。

（二）景别的匹配

景别匹配是使视觉连贯的重要保障，景别匹配最重要的表现就是景别变化的渐进性，进而产生的逻辑关系。景别包含主体与环境两个因素，景别的变化实际上是这二者在空间比例上的变化，或者说发生了空间的位移。当人们在现实中看事情时，随着注意力的改变，视角也会发生变化，所以，虽然景别在发生变化，但符合观众的心理期待，所以觉得自然流畅，不会产生视觉上的中断、跳跃。如果对镜头运用不当会造成视觉的不连贯，在组接画面时，要尽量减少这种不连贯的感觉。

（三）方向的匹配

画面组接时应保持主体方向的一致，应保证符合人们的视觉习惯和思维逻辑。现实生活中人们总是带着一定的愿望、目的在运动，自然界的景物也总是处在运动中，运动必然产生方向。主体的行动、行为是错综复杂的，对于电视新闻而言，摄像机的运动也是千变万化的，同一方向做直线运动的物体，由于拍摄角度的不同，呈现在画面上的运动方向也会各不相同甚至相反，这让画面剪辑变得更加复杂。

为了真实地反映主体的空间位置，使观众获得明确的空间方位感，剪辑时就必须对方向性较强的镜头给以正确的处理，按一定的逻辑关系，使画面与画面之间、画面里一切事物进出的活动合理化。画面的方向是编辑时一条重要的原则，如果违反这一原则，就会给观众的理解造成混乱。

（四）多重关系时方向的统一

在一些复杂的场面中，主体之间的关系会变得非常复杂，在一个场景中会有多重关系出现，此时要保证方向的统一，需要从以下几个方面入手。

（1）总体关系的确定。通过全景镜头的定位作用，将所有相关的主体包括在镜头中，明确彼此的空间关系。这种镜头一般在段落的开始出现。

（2）视觉中心的确定。每一个场景都会有中心主题或者中心人物，这会构成视觉的中心，视线的方向可以围绕这个中心确定。

（3）方向改变时的过渡。当局部与局部之间发生了视线方向的变化时，可以借助方向感弱的中性镜头或者能够表现整体方位的全景镜头作为过渡。

（五）造型的匹配

（1）主体在画框中的位置。主体是画面的视觉中心，也是受众注意力的中心。当主体在画框中的位置发生明显变化时，就会造成受众视觉中心的转移，这种转移可能会影响受众欣赏的连贯性。因此，在表现同一主体的前后画面之间，主体在画框中的位置不要有明显的变化，要尽量保持在画面的同一侧；即使是不同的主体，也要尽量保持在同一区域。

（2）光影与色彩。光影与色彩是人们抒发情感最直接、最有效的一种表现形式。强烈的光影和暖色彩（红、黄、橙、紫等）能激起人们的兴奋情绪，而低沉的光影和冷色彩（蓝、绿、白、黑等）则能带给人们宁静、压抑、悲哀等感觉。

“电视新闻短消息制作的认知”任务书

任务描述

以广东卫视短消息新闻《开学临近 学生“泡吧”赶作业》 为例，了解并学习优秀新闻的选题、分镜头脚本、解说词、镜头等相关知识。

制作认知的过程分析

短消息新闻报道是对新近发生的有社会意义并引起公众兴趣的事实的简短报道。因此，要着重思考其新闻表达的真实性、时效性的特点。

任务要求

（1）在老师的指导下，以《开学临近 学生“泡吧”赶作业》为例，了解其制作流程。

（2）可以独自分析中央电视台某一短消息新闻报道的制作流程。

（3）学习“传媒工匠”求真务实的精神，做事一丝不苟、追求极致；立足岗位进行创新和探索实践。

任务分组

任务名称				日期	
班级				授课教师	
组号		组长		学号	
组内成员					
组员	学号	任务分工			备注

获取信息

引导问题 1：自主回顾总结短消息新闻制作相关知识

____

____

引导问题 2：查阅相关资料，了解短消息新闻制作的方法，分析其创新点，完成下表任务：

序号	主要创新点	创新点描述
1		
2		
3		
4		
5		

引导问题 3：了解新闻短消息的制作对我们以后的学习、工作的启发，特别是作为一线的媒体人员应该具备的职业道德、职业素养、职业精神等。

____

____

引导问题 4：小组内讨论每个同学对所有引导问题给出的答案，综合每位同学的意见，确定小组的最佳答案。

组内成员	问题 1	问题 2	问题 3

评价反馈

引导问题 5：由小组长在班上进行陈述，由各位同学和老师进行打分评价反馈，并由老师点评。

组号	评价内容				
评价人	问题 1（25 分）	问题 2（25 分）	问题 3（25 分）	问题 4（25 分）	总分
小组评分					
教师评分					
教师评价意见					

实训二　新闻报道选题策划

课程目标

现代新闻活动竞争激烈，选题策划是新闻制作的必备工作，同时也是推进报道深度的前期工作。学生以小组为单位，制作我校开学第一周的短消息电视新闻，培养学生分析问题和解决问题的能力和选题策划能力，进一步拓宽了学生的眼界和思维。

思政目标

1．将课程内容、教学案例、专业实践中的思政元素整理出来，挖掘和利用社会热点问题中的的思政资源，将它们及时融入专业课程的课堂教学，在潜移默化中引领大学生培育和践行社会主义核心价值观。

2．在进行课程思政建设中，教师发挥“价值引导、情感传递和道德示范”的作用，充分挖掘凝练课程中的“思政元素”，结合专业课程内容，精选相关影像视频、人物传记、时事热点等教学资料，将国家的大政方针、爱国情怀、文化自信、工匠精神等巧妙而有效地融入到专业教学过程中。

任务一　电视新闻短消息制作选题策划

任务描述：学生以小组为单位，以“我校开学第一周”以选题，围绕校园生活和学生生活，寻找身边可供报道的新闻选题，并分小组完成开学第一周的相关新闻。请各小组分别推荐 4 个选题，并对选题进行描述，分析选题的原因，并分析其他同类选题，写清选题的亮点。

选题策划

选题	描述选题	选题原因	选题的亮点
选题 1			
选题 2			
选题 3			
选题 4			

任务二　电视新闻短消息制作构思

任务描述：学生以小组为单位，在完成任务一的基础上，以思维导图的形式输出本次电视新闻短消息制作构思的整体过程。要求条理清晰，逻辑自洽，描述精简。

知识拓展

倒金字塔结构

倒金字塔结构，也称“倒三角”结构，是电视消息写作中最常用的一种结构方式，是按先重要后次要的顺序来写。在内容上表现为，往往把最重要的事实放在报道的最前面，开门见山，突出要点，较重要的放在第二段，最不重要的放在最后一段，就像一个倒立的金字塔，文章内容的重要程度随着文章的发展而逐步递减。这样既受到读者的普遍欢迎，又增强了时效性，使新闻报道能够最直接、最迅速地同广大读者见面。

倒金字塔结构多用于事件性新闻的报道，它的优点：可以快速写作，不用为结构苦思。可以快编快删，删去最后段落，不会影响全文。可以快速阅读，无需从头读到尾，符合了新闻对时效性的要求。倒金字塔结构的缺点：格式统一，没有个性。主体是对导语的扩展，而弱化了结尾，结尾一般为点评或专家意见，或对未来事件发展的提示，也可没有结尾。

据统计，倒金字塔结构占新闻写作总量的 80%。倒金字塔结构由四部分组成：导语、说明、扩充、结尾。新闻稿要开门见山，导语的长度最好控制在 50 个字以内。导语后是说明部分，对导语核心要素的进一步解释，陈述新闻的主要事实。扩充部分进一步阐述要点，揭示更多细节，让新闻稿更丰满，增添深度和色彩。

写作时，要充分把握新闻要素的内在关系，按照与新闻主题重要程度，搜集相关资料，并确定新闻要素的安排和叙述顺序，让新闻完整简练、并通俗易懂。

重要性递减原则。按照倒金字塔结构的定义，写作时要按照重要性递减的原则来组织。在导语中突出的新闻的核心要素。在新闻的主体说明和扩展的部分，先重后轻地依次排列对导语进行具体补充完善各种新闻要素，重要性逐渐减弱，表达的力量逐渐减弱，“头重脚轻”地展现出新闻的整体面貌。同时，主体中必须体现一定的逻辑顺序，段落清楚，从一个事实到另一个事实，从一个细节到另一个细节。让整个新闻清晰明了。

从一般到具体的原则。这是由倒金字塔型的结构决定的，在稿件中按照先整体后具体的关系，一步步拆解，逐步提供给读者完整的信息。细节的拓展一定是放到稿件的后半部分，当观众从稿件的前部掌握了事件的全貌以后，后面逐步认识细节，这样新闻才有意义，观众也更加清楚明白。

2017 年 9 月 30 日，中央电视台新闻频道播出了电视短消息《我国实现世界首次洲际量子通信》，时长为 1 分 43 秒。

【导语】通过最新开通的量子“京沪干线”和“墨子号”量子卫星，我国实现了北京和维也纳之间的量子卫星通话，这也是世界首次洲际量子通信。

【同期声】(采访人) 中科院院长 白春礼

今天对于科学及其应用来说，无疑是一个重要的日子。

【正文】通过“量子卫星兴隆站”与“京沪干线”北京中继点的连接，以及“墨子号”量子卫星与奥地利地面站的连接，我国科学家在世界上首次实现了洲际量子通信。

【同期声】(采访人) “京沪干线”项目首席科学家、中科院院士 潘建伟

我们所有视频的传输等都是跟传统的手段一样的，是在一个公网上进行传输的，唯一的不同是在这个视频传过来之前，先用量子密钥进行加密，加密完之后在公网上传递，你看到的是一堆乱码，然后到了终端接收端，我们就可以用我们的密钥来进行解密。

【正文】潘建伟介绍，“京沪干线”和“墨子号”量子卫星的完美对接，预示着天地一体化广域量子通信网络雏形已经形成，未来将以此为基础，推动量子卫星通信在金融、政务、国防、电子信息等领域的大规模应用。

【同期声】“京沪干线”项目首席科学家、中科院院士 潘建伟

今天是首次，我们一方面是通过洲际密钥分发来演示这个距离的广义性，然后又通过这个接入到我们这个光纤网络，证明我们的卫星本身可以跟地面的光纤网络很好地匹配，这就变成了我们将来构建天地一体化广域网络的两个基础，这是比较有标志性意义的。

这条新闻采用了典型的倒金字塔结构，正文开篇第一段通过最精练的语言介绍了这个新闻的核心要素——新闻的人物、地点、事件、原因，也是这个新闻的最重要内容：我国实现了北京和维也纳之间的量子卫星通话，这也是世界首次洲际量子通信。

正文的第二段对第一段进行了补充，补充了事件的经过，介绍了我国如何实现的首次量子通信。

下一段，通过“京沪干线”项目首席科学家的专家视角，用通俗的话语补充解释了新闻要素的具体内容，交代量子通信是什么。

再下一段，通过专家视角补充解释了为什么，强调了这次事件的意义。

最后一段，通过专家视角补充解释再次补充强调这次事件的意义以及对未来应用的展望。

这个短消息非常精炼，在 1 分 43 秒的时间集中报道了一个事情，将新闻的要素都展示给观众，按照事情的重要性，依次排列，分段叙述，是一个标准的到金字塔结构，也展示了这个结构的优点。

“新闻报道选题策划”任务书

任务描述

观看开学第一周相关的短消息电视新闻，并以小组为单位对我校开学第一周所发生的事件进行选题策划。

选题策划过程分析

报道策划不是目的，而是手段。无论如何策划，策划的内容都要遵循实事求是的原则，选题策划要以客观存在为依存，要主动核实其采访报道信息来源的真实性，还要有其独到的新闻敏感度，广泛地接触社会生活，随时发现生活中的“亮点”“热点”，并紧紧抓住，使之成为可以生长形成新选题的基点。

任务要求

（1）以 2020 年 8 月 31 日中央电视总台短消息《浙江宁波：新学期将至 “开学经济”升温》为例，列出五个选题策划的方案。

（2）通过实训的学习，了解其选题策划的流程及技巧。

（3）学习一线的“工匠”学习潜心钻研的精神，做事一丝不苟、追求极致；立足岗位敢于创新和探索实践。

任务分组

<table>
<tr><td>任务名称</td><td colspan="3"></td><td>日期</td><td></td></tr>
<tr><td>班级</td><td colspan="3"></td><td>授课教师</td><td></td></tr>
<tr><td>组号</td><td></td><td>组长</td><td></td><td>学号</td><td></td></tr>
<tr><td colspan="6">组内成员</td></tr>
<tr><td>组员</td><td>学号</td><td colspan="3">任务分工</td><td>备注</td></tr>
<tr><td></td><td></td><td colspan="3"></td><td></td></tr>
<tr><td></td><td></td><td colspan="3"></td><td></td></tr>
<tr><td></td><td></td><td colspan="3"></td><td></td></tr>
<tr><td></td><td></td><td colspan="3"></td><td></td></tr>
</table>

获取信息

引导问题 1：自主回顾总结短消息新闻选题策划的相关知识

引导问题 2：查阅相关资料，了解学习短消息新闻选题策划的方法，分析其创新点，完成下表任务。

序号	主要创新点	创新点描述
1		
2		
3		
4		
5		

引导问题 3：制作我院开学第一周选题策划，体会对我们以后的学习、工作的启发，特别是作为一线的媒体人员应该具备的职业道德、职业素养、职业精神等。

引导问题 4：小组内讨论每个同学对所有引导问题给出的答案，综合每位同学的意见，确定小组的最佳答案。

组内成员	问题 1	问题 2	问题 3

评价反馈

引导问题 5：由小组长在班上进行陈述，由各位同学和老师进行打分评价反馈，并由老师点评。

组号		评价内容				
评价人		问题 1（25 分）	问题 2（25 分）	问题 3（25 分）	问题 4（25 分）	总分
小组评分						
教师评分						
教师评价意见						

实训三　电视新闻短消息制作内容编辑

课程目标

通过学习新闻和新闻报道的特点、写作基本要求、属性等知识，初步了解新闻写作的基本规律和方法，在此基础上，进一步挖掘案例中的思政资源和道德伦理观念，提高其新闻写作能力，在新闻传播中恪守自己的良心和社会责任，树立正确的职业道德观念，增强法律意识和法制观念。

思政目标

1．在课程内容及案例的选取上，思政教育+职业技能教育贯穿始终，通过内容选取、职业定位和能力的构思、设计和实施来培养学生的电视新闻制作技能，提升学生的政治修养，培养正确的政治方向。

2．不仅要培养新闻学子“爱岗敬业、诚实守信、办事公道、热情服务、奉献社会”职业道德，而且还要培养工匠精神、安全责任、吃苦耐劳等职业品质。

3．开展思政教育的途径的探索与实践，授课教师深入分析课程知识点，教学资源中选用大量近年发生的、影响力大的新闻传播案例，把社会主义核心价值观融入课程教学中，实现思想教育与专业知识的有机统一，发挥好课堂教学的主渠道作用。

任务一　标题拟定

任务描述：学生以小组为单位，根据写作前的内容构思，利用所学的标题技巧，为此次电视新闻短消息制作拟定 5 个标题，小组通过讨论确定合适的标题，填写标题表格。要求：标题最多十五个字，并且必须有 1 个动词的出现；核心要素要在标题中体现；标题要实题，简洁明了：客观的视角表达或调动感情。

标题拟定

序号	标题内容	自媒体平台	拟定标题的思路
标题 1			
标题 2			
标题 3			
标题 4			
标题 5			
选用标题			

知识拓展

消息类电视新闻标题分类

消息主要是迅速、简要地报道国内外发生的事实。电视新闻消息的标题主要在于摆事实，侧重于表现事物的动态，回答的是正在发生什么。一般可分为叙述式标题、概括式标题、提问式标题和提示式标题。

一、叙述式标题

叙述式标题就是用直接叙述的方法，把消息中最有新闻价值的事实，简明扼要地表示出来。这种类型的标题是电视新闻消息中广泛采用的。例如，《上海完成世界首例“废弃肝脏救治肝病患儿”手术》《鹤舞高原描绘美丽画卷 我区成黑颈鹤“越冬乐园”》《湖北实施退湖还湖“第一爆”梁子湖的牛山湖成功实施破垸分洪》等，都是在新闻中把最重要的事实直接陈述，通俗易懂。

二、概括式标题

概括式标题是对报道的内容、主题的概括和凝练。例如《黑龙江省规模最大合作联社诞生》《山水画换进度表 优劣公开晒排名》《外国使节神山村里探寻中国脱贫经验》等，都是对报道内容和思想集中的概括。

三、提问式标题

例如《这样收费合理吗？——关于大连站车票问题的报道》，这种问题性标题也是对报道内容的另一种形式的概括，以引起观众的注意。

四、提示式标题

目前，在一些短消息，特别是大杂烩式的组合式编排的消息中，标题往往是不完整的，它只是提示式的，如《海尔：全球家电巨头的微小化转型》等，极为简练。

任务二　开头设计

任务描述：学生以个人为单位，针对不同自媒体运营平台，利用所学开头设计方法，为此新闻报道制作 5 个开头，要求：开头设计要有场景感、画面感、代入感，与标题呼应，承上启下。

新闻报道开头设计

序号	开头内容	设计思路
序号 1		
序号 2		
序号 3		
序号 4		
序号 5		

任务三　正文设计

任务描述：学生以个人为单位，利用所学的正文撰写知识，撰写正文。要求：紧扣主题、结构清晰、逻辑自洽、语言精简、符合文章的主题及宗旨。

任务四　结尾设计

任务描述：学生以个人为单位，利用所学的结尾设计方法，为此次电视新闻短消息制作设计 5 个结尾，填写结尾设计表格。要求：能够突出重点，总结升华，使报道更具有深层的意义，在社会中产生更广泛的影响。

新闻报道结尾设计

序号	结尾内容	设计思路
结尾 1		
结尾 2		
结尾 3		
结尾 4		
结尾 5		

“电视新闻短消息制作内容编辑”任务书

任务描述

观看开学第一周相关的短消息新闻，利用所学的标题技巧及正文设计技巧，撰写其脚本，结构清晰、逻辑自洽、语言精简、符合文章的主题及宗旨。

短消息新闻内容设计及写作分析

在内容的设计上，要符合新闻表达的主题，衔接要连贯。解说词具有补充画面解释不清楚的内容，弥补画面不足，提升画面内涵的作用。新闻的时间、地点、人物要客观真实，其中引用的资料及数据要准确无误。

任务要求

（1）通过对比分析，找到小组内短消息新闻制作及写作的创新点。

（2）通过分析完成开学第一周新闻，并知晓其短消息新闻写作的技巧方法。

（3）能在老师的指导下，完成开学第一周的短消息新闻脚本的创作。

任务分组

任务名称				日期	
班级				授课教师	
组号		组长		学号	
组内成员					
组员	学号	任务分工			备注

获取信息

引导问题 1：自主回顾总结短消息新闻设计及写作的相关知识。

引导问题 2：查阅相关资料，了解学习短消息新闻设计及写作的方法，分析其创新点，完成下表。

序号	主要创新点	创新点描述
1		
2		
3		
4		
5		

引导问题 3：通过对我院开学第一周电视新闻内容的写作及设计，思考对我们以后的学习、工作的启发，特别是作为一线的媒体人员应该具备的职业道德、职业素养、职业精神等。

____

____

引导问题 4：小组内讨论每个同学对所有引导问题给出的答案，综合每位同学的意见，确定小组的最佳答案。

组内成员	问题 1	问题 2	问题 3

评价反馈

引导问题 5：由小组长在班上进行陈述，由各位同学和老师进行打分评价反馈，并由老师点评。

组号		评价内容				
评价人		问题 1（25 分）	问题 2（25 分）	问题 3（25 分）	问题 4（25 分）	总分
小组评分						
教师评分						
教师评价意见						

实训四　新闻镜头的拍摄与剪辑

课程目标

教师通过理论知识的讲解，如镜头、景别、新闻采访等基础知识，并适当的穿插小组讨论及一些课后作业，引导学生理论联系实际，在实践的过程中锻炼自己，以加强学生对于理论知识的了解和运用。

思政目标

1. 通过老师的课上讲解及小组课下实践，潜移默化地将思想政治教育渗透其中，鼓励学生树立热爱科学、追求真理、敢于创新、勇于挑战的精神，达到润物细无声的境界和效果。

2. 依照课程标准，积极挖掘中华优秀传统文化、人文素养等思政育人元素；另一方面，要跨出教材，将时代的、社会的正能量内容引入课堂，充分挖掘蕴含在相关知识中的教育因素。

任务一　分析新闻镜头的类别

任务描述：学生以个人为单位，通过观看 2020 年 9 月 1 日中央电视总台网短消息新闻《聚焦开学季：新学期开始，远离“开学综合征”》，填写表格。

新闻镜头类别

景别	内涵	作用	表现手法
远景			
全景			
中景			
近景			
特景			

知识拓展

电视新闻操作：画面景别

画面镜头

一、镜头的类别

（1）根据视觉距离的不同，有不同景别的镜头：远景、全景、中景、近景、特写、大特写等。

（2）根据表现方法不同，有主观镜头和客观镜头。

（3）根据拍摄角度不同，有仰拍、平拍和俯拍的镜头。

（4）根据镜头的时间长短不同，有长镜头和短镜头。

（5）还有只拍摄自然景物的“空镜头”。

二、景别的区分与作用

在实际生活中，人们依据自己所处的位置和当时的心理需要，或远看取其势，或近看取其质，或扫视全局，或盯住一处，或看个轮廓，或明察细节。影视艺术正是为了适应人们这种心理上、视觉上的变化特点，才产生了镜头的不同景别。

电视镜头不同景别的获得，取决于摄像机同被摄对象之间的远近，也取决于摄像机所用光学镜头的焦距。在固定距离处，改变可变焦距摄像机的焦距，可以拍下不同景别的镜头。

景别的划分，一般由摄影画面表现出来的景物范围去区分，通常是以人的活动作为标准。

三、景别的选择

景别是指被摄主体在画面中呈现范围的大小。画面景物范围大，通常称为大景别；反之，就称为小景别。景别的大小与物距、焦距有关。拍摄距离不同，可以得到不同景别的画面；在同一距离上，用不同焦距的镜头拍摄，也可以得到不同景别的画面。不同的景别可以表现不同的画面内容。换言之，表现的内容不同，想达到的目的不同，选用的景别也就不一样。不同的画面内容适合于某一种景别来表现。

人们习惯上把景别分为五种基本形式：远景、全景、中景、近景、特写。

（一）远景

远景是一种表现开阔场面的景别。由于远景包容极大的景物范围及其透视能力，因而常用来展示事件发生的环境和规模以及人物所置身的环境和背景。远景不适于表现具体的动作和细节。在新闻中，远景镜头常用作开篇或结尾画面。

如图 1-1 所示画面的景别是远景。气势恢宏的大桥横跨在青山白云之巅，形象地表现出开阔的场面，给人一种气势磅礴的感觉。对贵州的全貌有了很好的体现，也能更好地突出当今贵州的磅礴发展，可以很好地起到定调的作用。

图 1-1　纪录片《这，就是贵州》

图 1-2 是纪录片《路见西藏》中的镜头截图，镜头画面都具有很大的空间容量，表现了西藏宏大、地势和地理特征。同时镜头还运用了弯曲的公路和河流来增强画面的纵深感。

（二）全景

全景表现成年人全身或场景全貌的景别。全景视野比较广阔，较之远景，画面包容的景物范围小一些，但仍能表现被摄对象的整体，展示比较完整的场景。全景主要表现人与环境之间的关系、人与人之间的交流以及人体的运动等。在新闻中，全景镜头往往用来交代新闻现场场景全貌。

（a）

（b）

图 1-2 中央电视总台旅游类纪录片《路见西藏》

图 1-3 是一个全景景别，表现出所有人在会议礼堂开会的场景，很好地交代新闻现场场景全貌。全景使主题的全貌得以体现，明确了主体和环境的关系，起到了定位的作用，在实际生活中，人们在观看远距离的人、景、物时，需要的时间比看近距离的景物需要的时间多，因此上面的这个镜头不仅可以描写环境、突出严肃的气氛，而且在节奏方面发挥了特有的作用。

图 1-3 纪录片《国家监察》

（三）中景

中景，表现成年人膝盖以上或景物局部的景别。中景适于表现人物情绪和上半身动作、人物之间的对话和感情交流、人物与他人或环境中某一局部的关系。中景将空间和整体轮廓降为次要地位，重视情节和动作，所以中景常被视为一种叙事性景别。

通过图 1-4 这一画面，我们感受到这一景别的对话与交流。通过这张画面我们可以感受到，中景更注重具体动作和情节，是采访中最常用的镜头，它既能为人物提供形体动作和情绪交流的活动空间，又不与周围的环境气氛脱节，可以很好地揭示人物的情绪、身份，展现人物上半身的活动，人物的动作感和情感交流表现得更加强烈。

图 1-4　纪录片《国家监察》

（四）近景

近景表现人体胸部以上或物体局部的景别。近景基本上省略了环境，着重在于表现人物的情感，交代具体的细节，强调某一动作的重要性。“近取其神”，近景易于刻画人物，使观众能看清展示人物内心世界的面部表情和细微动作，易于产生心理参与和情绪交流。

图 1-5 是纪录片中采访工人的一张近景，使观众高度注意在工人的脸上，突出了人物的眼神，注意到主体的主要特征和质感，让采访人员在观众眼中有一个鲜明的、强烈的深刻印象，生动表现了人物的面部身体和情绪、心理和物体的主要特征。

图 1-5　中央电视总台纪录片《北京蜘蛛人》

从画面中我们可以看出，画面除了人物主题清晰外，背景是虚化的，达到突出主题的效果，更好地表现人物的情感。而且它还拉近了被摄人物与受众之间的距离，使二者容易交流。利用这种视觉交流可以有效地消除受众的心理距离。在电视新闻报道中，近景是主持人或者现场报道记者的常用景别，如图 1-6 所示。

图 1-6　纪录片《国家监察》

（五）特写

特写，表现成年人体肩部以上头像或被摄对象某一细部的景别。特写具有刻画人物性格、描绘细节的独特功能。由于特写的画面内容相对减少，因而在画面造型上能产生强烈、鲜明的视觉效果，具有强大的感染力和视觉冲击力，如图 1-7 所示。

图 1-7　中央电视总台纪录片《三矿》

图 1-7 对煤矿工人的脸部进行了特写，工人脸部黝黑的皮肤和眼睛中的白色在画面中很突出，比一般特写的震撼力更强，使观众对煤矿工人的工作环境一目了然，更好地突出主题、描绘细节，给人以强烈的视觉冲击力，增强艺术效果，使观众过目难忘。

总之，对摄像师而言，景别代表着一种叙述方式和画面的结构方式。简单地说，它显示画面所包含的景物范围的大小及主体在画面中所占的面积大小；但就其内涵而言，它是创作者的思维与造型要求。

任务二　新闻采访拍摄技巧

任务描述：学生以小组为单位，利用任务一及所学的知识，分析在新闻采访中的拍摄技巧。要求：每组要写出 5 个新闻采访的拍摄技巧。

拍摄技巧

拍摄技巧	原因	拍摄难易度
技巧 1		
技巧 2		
技巧 3		
技巧 4		
技巧 5		

知识拓展

新闻现场拍摄技巧

一、多用固定镜头，少用推拉摇移等运动镜头

在新闻现场拍摄时，随身携带三脚架，多用固定机位及固定镜头拍摄。可以穿插推拉摇移等运动镜头，但运动镜头的使用有目的，要用得恰到好处，跟整个新闻的叙事节奏相适应。

二、镜头要成组拍摄，景别齐全

镜头是新闻的基本构成单位，是构成一条完整新闻的“零部件”。采访拍摄中镜头要拍全、拍好，即内涵要能表达一个完整的概念、景别要成组配套、拍摄角度要成组配套。

三、角度常新，特征突出

拍摄角度的变化会影响到主体与陪体、前景与背景以及各方面因素的变化。不同的拍摄角度具有鲜明的个性，能够强调突出夸张某个事物的表现，也能减弱某个事物的表现。不同的侧重点和表现力能表达不同的情绪，以及人和人物与环境之间的不同关系。因此，拍摄时要让角度常新而且特征突出。

四、精心拍摄画面，宣传真善美

精心拍摄每一幅画面，要让画面能够引导人们向真、向善、向美。拍摄时把那些不宜在屏幕上表现的东西运用各种拍摄技巧将其规避掉，追求真、善、美。

五、画面要画龙点睛

精心捕捉精彩画面，抓拍具有典型价值的各种视觉和听觉细节凸显主题，要求达到“言有尽而意无穷”的效果，让观众在记忆中历久弥新。

任务三　撰写分镜头脚本

任务描述：学生以个人为单位，利用所学的知识，以 2020 年 9 月 15 日中央电视总台短消息新闻《“刷脸”报到、看指数就餐 上海交大“智慧”开学》为例，撰写分镜头脚本并拍摄关于我院开学第一周的新闻，如下表所示。要求：能够使摄像师领会编导意图，加深对镜头的理解。

分镜头脚本

序号	景别	拍摄方式	画面内容	时长	解说词
1					
2					
3					
4					
5					
……					

知识拓展

新闻摄像：固定拍摄的注意事项

拍摄方式

拍摄方式不同，带来不同的镜头功能和效果，也就包含了不同的画面语言，具有不同的表现意义。因此，能否娴熟地掌握拍摄方式及技巧，是检验电视摄像师是否称职的标准之一。电视拍摄方式分为两种：固定拍摄和运动拍摄。

一、固定拍摄

固定拍摄，就是在摄像机机位、镜头光轴（机身）以及镜头焦距均固定不变的条件下所进行的拍摄。机位不动，指摄像机无移、跟、升降等运动；光轴不动，指摄像机无摇摄；镜头焦距不变，表明摄像机无推、拉运动。通过这种方式拍摄的镜头称为固定镜头。

固定拍摄在画面形态和视觉接受上与运动拍摄有不同的特性。固定拍摄的画面框架处于静止不动的状态，构图是固定的，但这不妨碍它对运动对象本身的记录和表现，也就是说，固定框架内的被摄对象可以是静态的，也可以是动态的。

固定在某一范围来观察景物，也是人类观察自然界的一种常用方式。作为人眼视点的代表，摄像机没有理由忽视这一常规的方式。但同时，由于固定拍摄容易产生静态效果（尤其是一些内部运动不明显的固定拍摄画面），使观众得以仔细观看。因此，在拍摄时应具备较高的造型能力和构图技巧。

（一）固定拍摄的作用

（1）固定拍摄的画面有利于表现静态的环境和静态的人物。固定画面中的背景和环境的展示，能够引起观众较长时间的关注，起到交代客观环境、反映场景特点、提示景物方位等作用。

人物采访时，通常也以拍摄小景别的固定画面为主，这一方面符合观众“盯看”的视觉要求，另一方面可以让观众集中精力听被采访者的述说内容。

（2）固定拍摄有利于突出和强化动感，反映拍摄主体的运动速度。用低角度固定拍摄行进中的列车，观众会感到列车好像是呼啸而来，动感得到强有力的甚至夸张的表现。

（3）固定拍摄的画面能够强化静的内容，给观众以深沉、庄重、宁静、肃穆、压抑等画面感受。另外，与运动画面相比，它富有静态的造型美，使观众赏心悦目。

（4）与运动拍摄画面相比，固定镜头拍摄者的个人主观性较少，相对比较客观运动镜头的推、拉、摇、移等，让观众感觉内容上有强烈的指向性，明显表现出创作人员的创作意图。而固定拍摄的画面，观众感觉是自己有选择地观看，镜头是在客观地记录和表现被摄对象。

（二）固定拍摄应注意的几个问题

固定镜头拍摄，强调一个“稳”字，要消除任何晃动因素。在条件许可时，应使用三脚架。如果条件所限，也可以用生活中的支撑物来替代三脚架。

在固定拍摄时，要注意拍摄方向、角度、轴线关系和景别设计，多拍一些不同机位、不同景别的镜头，以免给后期制作带来不必要的麻烦。如越轴，画面“跳动”带来的视觉不流畅等。

固定拍摄的画面容易缺乏生气，所以要学会捕捉动感因素，让固定画面“活”起来。如拍摄鲜花满园的镜头时，可以摄入几只飞舞的蝴蝶等。

二、运动拍摄

运动拍摄，就是通过移动摄像机机位，或者变动镜头光轴，或者变化镜头焦距所进行的拍摄。通过这种方式拍摄的镜头称为运动镜头。

运动拍摄，改变了观众视点固定的状态，使观众能够通过屏幕，以流动的视角观察运动中的生活和生活中的运动。

运动拍摄，根据摄像机运动方式的不同，可分为：推、拉、摇、移、跟等几种主要形式。

（一）推摄（推镜头）

推摄是摄像机向被摄主体推进，或者变动镜头焦距，使画面范围逐渐缩小，最后集中到主体的拍摄方法。用这两种方法拍摄的镜头叫推镜头。

推镜头具有强烈的指向性和明确的表现意义，将观众的视觉注意力集中引导到特定主体上。因而，推镜头的落幅画面应该是观众最感兴趣的内容。

在推镜头中，由于画面所包容的空间范围由大到小逐渐收缩，次要信息不断被移出画外，主体形象愈趋明显、突出，因而有突出重点、强调细节的作用，常用于从群体中突出主体，从全局中突出重点或强化人物情绪等方面。

运用推镜头，应该注意落幅画面的内容和构图设计，因为它是推镜头的核心和引起推动的动机。另外，推进要平稳，推进速度应与画面内在的情绪和节奏相一致。

（二）拉摄（拉镜头）

拉摄是摄像机逐渐远离被摄主体，或变动镜头焦距，使画框由近而远，与主体脱离的一种拍摄方法。用这种方法拍摄的镜头叫拉镜头。

与推镜头相反，拉镜头是一个空间范围逐渐扩大，画外信息不断进入的过程，能够交代局部在全局中所处的位置及它与周围环境的关系，可用于从局部引出全局，由个别到整体，有总结、概括归纳的表达功能。

在一个拉镜头中，起幅画面的物体是灵魂，应该成为整个镜头的主体或构图中心。同时，在拉的过程中，要有明确的意图，要随着画面表现范围的不断扩展，不断有新的表现元素入画，从而与起幅物体构成一种新的情节关系，满足观众的视觉期待。拉镜头还经常用于表现事件结束、人物离开等。

（三）摇摄（摇镜头）

摇摄是指摄像机机位固定不变，通过改变摄像机镜头拍摄轴线方向的一种拍摄方法。在摇摄过程中，镜头水平方向运动叫横摇，垂直方向叫竖摇，还有水平和垂直方向同时发生摇动的斜摇。

摇镜头可以不用切换便造成场景的变化，满足观众对被摄主体的各部分逐一审视的需要，可以突破固定视点的限制，拓宽镜头视野，扩大画面表现空间，展示规模与环境，可以显示同一时间内几个空间里事物变化的情况。一般，摇镜头后面接的是固定镜头，画面从急速运动到急停，有一种突然性，使画面产生内在张力和爆发力，能够创造出某种特定气氛。摇镜头有时也可用来转场。

（四）移动摄影（移动镜头）

移动摄影是将摄像机架在运动着的工具上所进行的拍摄，所拍镜头称为移动镜头。移动镜头按其移动方向可以分为三种基本类型：一是横移——展示横向空间；二是纵移——显现纵深空间；三是曲线移——交代多重景物。

移动镜头最显著的特点在于：摄像机摆脱了定点摄影方式，摄像机可以在所能进入的空间里随意运动并通过运动形成多角度、多景别、多构图的画面，对场景空间进行立体的多层次的表现，获得全方位的视觉效果。

移动镜头由于机位的不断运动，造成视点的连续变化，从而更擅长表现人在行进中或在运动物体上的观察效果。在电视新闻拍摄中，摄像师运用移动镜头，连续不断地把新闻现场一一展现给观众，具有不容置疑的现场真实性，使观众有身临其境之感。

拍摄移动镜头，应尽可能地选用广角镜头，以增强画面的稳定性，取得较好的画面效果。移动镜头拍摄一般有特定的工具，如轨道、滑轮、升降机、摄影车等，在日常的电视新闻采访报道中（大型现场直播报道除外），也可由摄像师肩扛摄像机直接走动来进行移动摄影。因此，摄像师要有过硬的拍摄基本功，移动速率尽可能均匀，以确保画面的清晰。

（五）跟摄（跟镜头）

跟摄是摄像机跟随一个动体移动时所进行的拍摄，所拍镜头为跟镜头。跟摄一般分为三种：一是前跟，镜头设在动体前方，跟拍主体的正面；二是背跟，镜头设在动体后方，跟拍主体的背面；三是侧跟，镜头光轴与主体运动方向垂直，跟拍主体的侧面。

跟镜头的特点是镜头始终跟随一个动体，一般以等速伴随其运动；主体在画面中的位置、面积相对稳定，因而适合表现动体的形态和情绪。此外，在电视新闻中，还可利用这一特点拍摄采访活动，形成漫步式的采访方式。由于人物和镜头的运动，背景空间的不断变化，增强了画面的动感，克服了固定场景的呆滞感。

摄像机以背跟方式拍摄的跟镜头，可以表现一种主观视向，使观众的视点与被摄主体的视点合二为一，从而表现出一种强烈的现场感和参与感。这种方法常见于电视新闻拍摄中，镜头紧跟在记者或主持人背后进入新闻现场进行采访和解说，观众也被引入现场，“耳闻目睹”了现场所发生的一切。

总之，在实际拍摄中，上述五种运动镜头可以单独使用，也可以几种结合起来使用。例如，在推镜头中结合摇，在摇镜头中结合推，在移动镜头中结合摇等，形成综合性运动镜头，既增加了画面动感，同时，在一个镜头中，构成了对景物多景别、多构图、多层次的立体化表现，具有一种形式的美感，使观众获得全新的视觉冲击。

任务四　新闻镜头剪辑

任务描述：学生以个人为单位，利用所学的知识，对任务三所拍摄的短消息新闻的视频进行镜头的剪辑。

知识拓展

掌握电视新闻的剪辑点

无论是什么电视新闻节目，都是由一系列的镜头按照一定的排列次序组接起来的。这些镜头之所以能够延续下来，使观众在影片中看到它们融合为完整的统一体，那是因为镜头的发展和变化要服从一定的规律。在后期制作中，最重要的是画面剪辑，画面剪辑对于一名编导来说，是必须掌握的基本功。

剪辑点可分为两个大类：画面剪辑点和声音剪辑点。画面剪辑点包括动作剪辑点、情绪剪辑点、节奏剪辑点。电视新闻的画面组织要连贯流畅，它关系到新闻结构的连贯性、信息传递的逻辑性和视觉上的可信性，不合理组接会破坏表现力甚至破坏真实性。画面剪辑中应注意以下问题。

1. 避免视觉跳动

（1）同景别相接是指同一主体两个相近或相同景别画面的组接。

（2）遵循 30 度规则。

比如一个人站在那，设置一个机位拍摄他的全景，如果在他旁边再设置一个机位拍摄他的全景，那么这两个机位之间的角度大于 30 度，这样的两个镜头接起来就不会产生跳动。

2. 关于有缺陷的镜头

剪片子时肯定会遇到有缺陷的镜头，这时一定要尽量避免，尽量选择完整的画面去匹配。

3. 图像资料的运用

如果剪辑中用到图像资料，那么一定要注明使用的是资料，并注明它的出处。

总之，掌握好电视新闻的剪辑方法，学会用画面说话，用声画反映电视新闻的真实性。

“新闻镜头的拍摄与剪辑”任务书

任务描述

观看开学第一周相关的短消息新闻，并以小组为单位拍摄我院开学第一周的短消息新闻并进行剪辑。

拍摄过程分析

在进行镜头拍摄时，为使新闻节奏明快，增加单位时间的信息含量和表现力，镜头要稳，少用推拉摇移，多用固定镜头，并不是不用固定镜头，而是要用得恰到好处。拍摄之前最好确定移动镜头是否有必要。有很多人把两个没有必要的两个画面用运动镜头联系起来，当没有明确的意图和感觉的时候，不要随便移动，随意的运动只会给观众留下坏印象。

剪辑过程分析

景别的剪辑要循序渐进。采用前进式句型，从全景到近景到特写的过渡，即由远及近，也可采取后退式句型，即特写到近景到中景到全景的顺序组接镜头，由近及远，由细节部分扩展到整个事件的全部。巧用拍摄素材里的环境现场音，给受众一种带入感，形成一个良好的剪辑思路。

任务要求

（1）通过对比分析，找到小组内拍摄和剪辑开学第一周新闻的创新点。

（2）通过分析完成开学第一周新闻，并知晓所拍摄的镜头和剪辑的技巧方法。

（3）能在老师的指导下，完成开学第一周的短消息新闻制作。

（4）学习一线“传媒工匠”潜心钻研的精神，做事一丝不苟、追求极致；立足岗位勇于创新和探索实践。

任务分组

<table>
<tr><td>任务名称</td><td colspan="3"></td><td>日期</td><td></td></tr>
<tr><td>班级</td><td colspan="3"></td><td>授课教师</td><td></td></tr>
<tr><td>组号</td><td></td><td>组长</td><td></td><td>学号</td><td></td></tr>
<tr><td colspan="6">组内成员</td></tr>
<tr><td>组员</td><td>学号</td><td colspan="3">任务分工</td><td>备注</td></tr>
<tr><td></td><td></td><td colspan="3"></td><td></td></tr>
<tr><td></td><td></td><td colspan="3"></td><td></td></tr>
<tr><td></td><td></td><td colspan="3"></td><td></td></tr>
<tr><td></td><td></td><td colspan="3"></td><td></td></tr>
</table>

获取信息

引导问题 1：自主回顾总结新闻镜头的拍摄与剪辑的相关知识。

____

____

引导问题 2：查阅相关资料，了解学习新闻镜头的拍摄与剪辑的方法，分析其创新点，完成下表。

序号	主要创新点	创新点描述
1		
2		
3		
4		
5		

引导问题 3：通过开学第一周我院新闻镜头的拍摄与剪辑，思考这对我们以后的学习、工作的启发，特别是作为一线的媒体人员应该具备的职业道德、职业素养、职业精神等。

____

____

____

引导问题 4：小组内讨论每个同学对所有引导问题给出的答案，综合每位同学的意见，确定小组的最佳答案。

组内成员	问题 1	问题 2	问题 3

评价反馈

引导问题 5：由小组长在班上进行陈述，由各位同学和老师进行打分评价反馈，并由老师点评。

组号		评价内容				
评价人		问题 1（25 分）	问题 2（25 分）	问题 3（25 分）	问题 4（25 分）	总分
小组评分						
教师评分						
教师评价意见						

项目评价

学生自评表

序号	技能点自评	佐证	达标	不达标
1	电视新闻短消息制作平台的认知	能够清楚电视新闻短消息制作各平台的优缺点，以及选题新闻报道值得学习的地方		
2	电视新闻短消息制作选题策划	能够依据选题的原则和技巧，策划出有深度的选题		
3	新闻稿的撰写	能够熟练掌握新闻稿的撰写。标题有新意、特色、抓人眼球。内容能够集中叙述事件。结尾紧扣主题		
4	新闻镜头的拍摄	画面主体明确具有表现力。构图合理、美观、画面清晰。合理运用推拉摇移等表现手法，动静结合，体现新闻主题		
5	新闻镜头的剪辑	画面剪辑流畅，现场声、同期声运用得当，视频、音频无硬伤，无字幕错误		

学生互评表

班级		被评组名	日期	
序号	评价指标	互评内容	分数	分数评定
1	资源及信息整合能力	该组能有效利用网络、图书资源、工作手册查找有用的信息等		
2	语言逻辑表达能力	该组能用自己的语言有条理地去解释、表述所学知识		
3	学习方法	该组的工作计划、实践方式是否符合现场管理要求		

续表

序号	评价指标	互评内容	分数	分数评定
4	思维态度	该组是否能发现问题、提出问题、分析问题、解决问题、创新问题		
5	自评反馈	该组是否能严肃认真地对待自评，并能独立完成自测试题		

教师评价表

序号	技能点自评	佐证	达标	不达标
1	电视新闻短消息制作平台的认知	能够清楚电视新闻短消息制作各平台的优缺点，以及选题新闻报道值得学习的地方		
2	电视新闻短消息制作选题策划	能够依据选题的原则和技巧，策划出有深度的选题		
3	新闻稿的撰写	能够熟练掌握新闻稿的撰写。标题有新意、特色、抓人眼球。内容能集中叙述事件。结尾紧扣主题		
4	新闻镜头的拍摄	画面主体明确具有表现力。构图合理、美观、画面清晰。合理运用推拉摇移等表现手法，动静结合，体现新闻主题		
5	新闻镜头的剪辑	画面剪辑流畅，现场声、同期声运用得当，视频、音频无硬伤，无字幕错误		

拍摄技能评价表

序号	点评	佐证	达标	不达标
1	画面的稳定性	始终保持画面基本线条“横平竖直”。少用推、拉、摇、移等移动镜头。摄像必须熟练“驾驶”摄像机		
2	把握画面的方向性	注意保证拍摄方向的统一性，正确处理镜头间的方向关系，使观众对各个镜头所表现的空间有完整、统一的感觉，必须熟练掌握“轴线”规律		
3	录制现场画面的同期声	做好充分的准备工作，根据现场的情况选取最适合新闻场所的话筒。内置话筒始终保持打开状态。明确耳机对于新闻现场的特殊性		
4	将后期编辑作为拍摄的依据	拍摄的片段镜头剪辑到一起，形成完整的新闻报道		

企业评价表

序号	点评	佐证	达标	不达标
1	选题策划	选题有创新（即内容新、立意新、视角新）要以小见大，及时反映国家政策、社会动态和生活面貌		

续表

序号	点评	佐证	达标	不达标
2	稿件	新闻要素完整、主题鲜明、结构清晰、语言生动、社会效益好		
3	镜头	所拍摄的画面要求突出新闻性、角度独特、冲击力强，不能有晃动或虚镜头		
4	后期编辑	所编辑的新闻要求镜头稿件与镜头一致		
5	配音	配音中不允许出现错字，语速适中，语调要符合稿件所符合的语境		

课后提升

案例1 2012年12月13日中央电视台短消息《新闻特写：环卫工人的风雪夜》解析

采访人员的选定及解说词的写作：

在采访中，陈大姐作为主要被采访的对象之一，只是一个普通的环卫工人，这样的人物，其本身就带有独属于自己的朴实，而陈大姐在被采访中主要讲述了两件事，其一就是雪铲子的重量，两种重量的对比，侧面描写环卫工作的不易；其二就是与对家人的歉意，虽有歉意，但为了他人的方便，也值，真实情感自然流露，这其中穿插着记者的解说词，更加突出该事件新闻的真实性。事件新闻是以某个独立的新闻事件为核心而展开的新闻报道，但无论是以哪种报道，都有赖于语言的细节。

镜头描写：

（1）陈大姐与其同事一同铲雪，连水带雪全掺和在一起，一铲子有30多斤，这么重的雪铲一分钟要挥舞七八下，铲雪，扫雪，推雪，这样的场景在片子中都有呈现，在每一个场景中，都展现了人物的动作细节。

（2）陈大姐所在的班组主要负责周围两公里路段的清理，凌晨漆黑的天，来来往往车辆的车灯，汽车行驶的声音，大雪覆盖的树木和地面，路灯上结成的冰凌，昏黄的路灯下环卫工人在辛勤地扫雪。凌晨5点，天还在下着雪，刚刚清理过的路面又覆盖上了新的积雪，陈大姐等人又开始了新一轮的清雪作业。

记者很好地捕捉到了大雪的氛围，路灯结上了长长的冰凌，潮冷的空气与湿透了的衣衫，沾满汗水的脸颊，画面的渲染使得环卫工人所处的工作环境不用过多解说，已经很清晰地表现出来。

思考题：

一篇短消息新闻中，被采访对象要怎样进行选择？

案例2 2012年10月14日中央电视台短消息《陈斌强：“绑着”妈妈去上班》细节解析

案例分析人物细节

1. 动作细节的追寻

在典型人物报道中，动作细节的重要性不言而喻，往往一连串动作细节能把人物形象、性格特征等方面展现出来。

在《陈斌强：“绑着”妈妈去上班》中，陈斌强为了照顾患有老年痴呆症的母亲，每次上班都会背着母亲下楼，用布带和她绑在一起，骑上一个多小时的电瓶车带她上班，喂她吃饭、帮她上厕所、给她洗澡、哄她睡觉。这样的场景在片子中都有呈现，在每一个场景中，都有对主人公的细节描写。

2. 景物细节追寻

景物细节就是记者在现场看到、听到、感觉到的形象、声音、环境、氛围，是事件发生地原汁原味的镜头。景物细节可以传达很多普通画面所无法传达的东西。我们知道画面细节包含了更多的信息成分，那种言有尽，而意无穷的感觉，往往最摄人心魄。

《陈斌强：“绑着”妈妈去上班》中，陈斌强的家在县城，距离他工作的冷水镇中心学校有30多公里的山路。每次回学校，陈斌强都会带着母亲，骑上一个多小时的电动车。为了保证患有老年痴呆症的母亲的安全，每次出行前，陈斌强骑上车后，就会用一条粗布带将自己和母亲绑起来。这条布带就是记者首先关注的景物细节，小时候母亲就是用这条背带背着他，现在他也用这条布带背母亲。这条用了 36 年的普通蓝色背带，成了陈斌强和母亲间重要的感情纽带，也成了打动观众的催泪弹。

在陈斌强母亲狭小房间的墙壁上，有一处“I love you”的红色喷绘。这是一个同学看到陈斌强天天照顾妈妈，帮他喷上去的。在喷绘的旁边，还专门贴了一张照顾母亲的作息表。这是一张详细、特别的作息表。从早上到次日凌晨一点，每半小时做什么，上几次厕所，什么时候散步、聊天、睡觉，表格上都写得一清二楚。

这一景物细节是陈斌强五年来照顾母亲的生动写照，也像是一个生活枷锁，紧紧拷在陈斌强身上，但他没有厌烦，他说的最多的一句话就是，担心自己照顾不好妈妈，担心妈妈受苦。景物细节有时会融化在某种意境中，这时时空的概念被画面中的意境所笼罩，造成某种特定的寓意。

3. 采访细节追寻

记者在采访的时候正好是教师节前夕，安顿好母亲后，陈斌强在写字台前批改作业，记者发现原来学生们写的作文就是《我的老师》，很多学生写到了陈斌强和他的母亲。《我的老师》作文很好地串接起了陈斌强、学生、母亲三者。很多学生都是真情流露，他们欣赏的不仅是陈斌强老师的教学能力，更是他身上散发出的人格魅力。这是一本“活教材”，在潜移默化中，很多孩子体会到了什么是“孝”。这和陈斌强的文章《母亲》形成呼应，对孩子的教育和中华传统美德的传播更有现实意义。

4. 语言细节追寻

语言细节是人物专题中人物的对话和内心独白的具体描写。语言为心声，描写人物的语言，意在揭示人物的性格特征，塑造活生生的人物形象。

陈斌强是一名普通的乡村语文教师，这样的人物，不仅需要人物本身所具有的独特语言气质，而且需要记者的情感投入和潜心挖掘，需要记者深入主人公的生活，进入他的内心世界。

因为很多人物的真实语言并不能在正式的采访中体现，需要记者更加贴近人物的问话，不仅让主人公没有芥蒂，情感自然流露，也使得人物更加真实。人物报道要强调客观真实和情感真实，一方面，客观真实通过“眼见为实、如临现场”的手段，来消除信息的不确定性和模糊性。另一方面，人物报道侧重强调情感的真实，但无论哪种真实，无论是情感信息还是客观信息，都有赖于语言的细节。

思考题：

1．请查找中央电视总台短消息《陈斌强：“绑着”妈妈去上班》，分析其新闻在语言、景物、采访、动作等细节的讲述上值得借鉴学习的地方。

2．查找中央电视总台短消息《陈斌强：“绑着”妈妈去上班》，分析其新闻的策划选题、拍摄的角度和景别值得学习的地方，及这条新闻产生的社会价值。

项目二　时政新闻（会议新闻）制作

教学目标

知识目标

1. 了解会议新闻的概念
2. 掌握会议新闻内容报道选题的要素
3. 掌握会议新闻稿的写作方法
4. 掌握会议新闻构图方法
5. 了解会议新闻拍摄的器材与道具
6. 了解会议新闻节目制作的常用软件

能力目标

1. 能够根据主题，制订会议新闻制作的目标
2. 能够根据制作要求，撰写会议新闻选题方案
3. 能够撰写会议新闻分镜脚本
4. 能够熟练利用拍摄器材和道具，完成会议新闻节目制作
5. 能够充分利用网络了解会议新闻流程，查询与会领导及与会人员详细资料
6. 能够根据现有镜头和素材完成新闻解说词的写作
7. 能够运用剪辑软件编辑会议新闻的镜头和解说词

素质目标

1. 能够在会议新闻节目策划与设计阶段，提出创新的选题与内容构思
2. 能够和团队成员协作，共同完成实训任务

思政目标

1. 引导学生在会议新闻制作的过程中提高政治意识，树立社会主义核心价值观
2. 培养学生分析问题、解决问题的能力和协作意识
3. 培养学生勤于思考，多角度、全方位分析问题的能力
4. 训练学生巧妙构思，提高学生的创新创业的技能
5. 培养学生善于与人沟通交流和善于总结经验的能力

思维导图

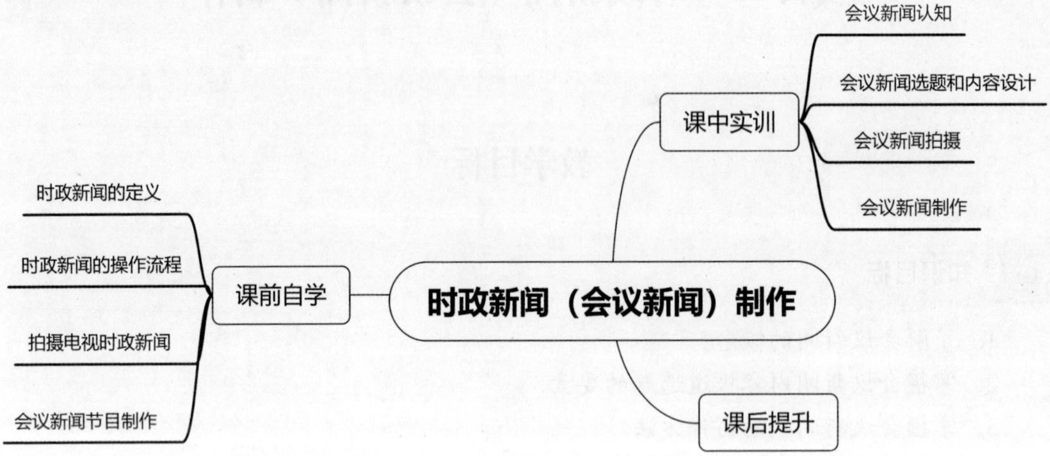

课前自学

一、时政新闻的定义

时政新闻主要是向社会披露、介绍党和国家政府以及地方政府近期或中长期的发展规划、工作计划和方针政策。准确和新颖的时政新闻报道可以使群众及时了解并理解党和政府的方针政策、发展计划，从而促使社会相关单位和个体自觉调整工作计划，为共同目标而努力，也可为各级政府和社会群众的工作、学习以及生活提供一定的指导意见。时政新闻主要包括会议新闻、领导人会见、领导人基层调研。

二、时政新闻的操作流程

会议新闻的拍摄流程

（一）采访准备

采访准备可分为平时准备和临时准备。

平时准备包括四个方面，首先是政策理论知识的准备；其次是多元知识的准备；再次是关系的积累；最后是资料的积累。在采访政治人物之前，需要储备大量的知识，尤其在部门、单位及人物职称等方面，做到心中有数。

临时准备包括六个方面。

（1）收集相关背景材料及与采访对象相关的新闻事迹。

（2）熟悉和研究采访对象的基本情况。

（3）拟定采访计划和调查纲目：注意对采访对象的称谓、亮明身份、避免语句模糊、站在对方角度设计问题等。

（4）检查有关物质的完备情况：着装看场合，笔记本必不可少。

（5）通过各种途径先期了解情况。

（6）做好迎接困难和挑战的心理准备。

（二）拍摄采访

采访之前一定要先打好腹稿，做到心中有数，知道自己需要用到哪些镜头。提前到达采访地点，找到一个好的拍摄角度，提前架好机器准备拍摄。在现场做好笔记将采访中的重点及时记录下来。

（三）后期新闻稿的撰写

1. 角度的选择

时政新闻一般关注者比较多，不过大家所选的角度大致也比较一致。要想出类拔萃，一定要寻找那些既有意义，而旁人又忽略的角度来写。不同的切入角度体现着不同的取舍和写作意图。报道所选的角度要做到立意新、题材新、表现手法新。

2. 结构的选择

结构就是“谋篇布局”，是指对材料的组织和安排的方法，它是思路外在形式的表现。文章结构的基本要求是：完整性、连贯性。不过要想写好，也离不开创新。

3. 材料的选择

主要分两项：第一，取舍，就是哪些材料要，哪些材料不要；第二，决定详略，就是哪些材料要详写，哪些材料要略写。

（四）剪辑

电视时政新闻涉及电视新闻摄像。要注意视频内容与文字内容的搭配。避免重复和不一致现象的发生。要注意先写新闻稿审批修改合格后再进行剪辑，片子的开头和结尾一般用的都是远景、全景。

三、拍摄电视时政新闻

时政新闻一般分为政府会议新闻、领导接见新闻、领导考察调研新闻三种类型，除领导考察新闻属于室外活动拍摄外，其他两类新闻都是室内拍摄的新闻。这就容易让观众形成时政新闻画面“单调”“呆板”“无趣”的印象。那么，如何拍摄好时政新闻，使后期编辑有“料”、画面鲜活呢？

（一）拍前准备

在拍摄时政新闻前首先要了解信息。任何一条时政新闻线索都有相对明确的信息，例如会议时间、地点、人物、流程等，摄像记者应当在接到任务时主动与采编记者联系，询问新闻的相关信息，并就现场情况和拍摄想法与采编记者充分沟通，为拍摄更多鲜活、生动的新闻画面做好准备。

接下来就是设备的准备和检查。对摄像记者来说，设备就是其战斗的武器。

在进行前期准备时，首先摄像记者要根据与采编记者的沟通情况，列出所需要的设备情况，如摄像机、话筒、电池、备用话筒、脚架等现场设备的型号和数量，并通知采编记者携带录像带的具体种类、型号和数量。

非突发新闻情况下，摄像记者应当提前几天向台里技术部申报设备，以保障拍摄当天所需型号设备完整无缺，因为一个频道会有很多记者外出拍摄，非特殊情况，设备是按申报批准顺序领用的，一旦所需设备被领用完，将无法满足自己的拍摄构想。如果遇到突发情况，摄像记者则需迅速判断需要的设备型号和数量，询问采编记者所配备设备数量是否充足，并提醒采编记者携带足够数量的录像带。

一般摄像记者的设备领用会提前 1～2 个小时，为在技术部现场的设备检查和替换留出充足的时间。在设备领用时，摄像记者应当现场对每一件设备进行试用，确保设备正常、符合技术需求。

再有就是对拍摄现场的布置和安排。对于室外拍摄的时政新闻，如抗洪现场报道、领导考察等室外新闻，新闻画面的拍摄基本上需要依赖摄像记者的室外拍摄技巧。对于会议新闻、领导会见等室内新闻拍摄就需要摄像记者根据现场情况进行安排和布置，这需要采访小组提前半小时到一个小时抵达现场，为拍摄现场的布置和安排预留出足够时间。

1. 首先抢机位

这是摄像记者常见的情况，一般时政新闻现场只有抢到好的机位才能拍摄出满意的镜头，无论是室外还是室内拍摄，摄像记者的机位意识要深植脑海。所以，到达时政新闻拍摄现场的第一件事就是选好机位，用摄像机脚架占据机位，并用摄像机观察拍摄镜头，反复运用推拉摇移测试现场的摆设、光线等拍摄情况。同时摄像记者还要在室内测试多个点位，用两手食指和拇指组成摄像机镜头框，在各个点位目测拍摄范围和情况，并记下最好的几个点位，为及时迅速拍摄做好预备工作。

2. 其次是光线调整

很多室内新闻发布会、领导接见等活动的组织和安排者，可能会因为经验不足或疏于考虑而导致室内光线不符合拍摄要求，太暗或者光源散乱都会对拍摄的新闻画面产生不良影响，这需要摄像记者用一定的手段和技巧进行处理，而且这种处理必须借助设备，所以需要摄像记者提前准备。

3. 最后是调整现场摆设

室内拍摄的会议新闻、领导接见新闻、领导视察新闻都可能会碰到现场障碍物太多而找不到好机位的情况，所以采访组提前进场十分必要，提前进场就可以根据预拍摄的情况对现场摆设进行微调或局部调整。例如，会议新闻现场的座椅、领导发言话筒、水杯、矿泉水瓶、花篮等物品的摆设不能影响拍摄画面的整体美观，更不能在画面中喧宾夺主，如果这些会议物品的摆放过高，在拍摄对象坐下时，还可能会遮挡拍摄对象的面部、颈部、胸部等部位，造成拍摄画面零碎、中心不突出的情况，也会严重破坏主体画面的表现力；一般摄像记者会先调整机位高度，然后调整现场的物品摆设。

（二）现场拍摄技巧

虽然时政新闻的拍摄收集整理很多共性，但不同类型时政新闻的拍摄也有不同的现场技巧。

在拍摄会议新闻时，首先要进行中心点的拍摄，因为会议新闻对画面的稳定非常重视，所以携带脚架进行拍摄是必须遵守的原则，而且脚架的另外一个功能就是“占位”。在会议画面拍摄过程中，充分利用脚架的稳定优势先拍主席台全景、中景、远景以及左右两侧小全景的镜头，然后拍摄讲话领导镜头，每个讲话镜头的拍摄都不得少于 10 秒。

1. 中心点的拍摄

中心点的拍摄是重要领导讲话必须拍摄的镜头，而且需要保证每个讲话人两组或以上的镜头画面，作为摄像记者即使在移动拍摄中，也要在一边拍画面一边录同期声的同时注意保持与采编记者的视觉交流。实际拍摄中，采编记者在拿到新闻通稿后，会勾出领导讲话中的重要信息，并需要摄像记者拍摄领导讲话的同期声，在领导讲话快要到达重要信息时，采编记者会提醒正在移动拍摄的摄像记者回到中心点的位置，拍摄领导讲话的重要日期和同步画面。所以，摄像记者在移动拍摄时要每间隔 1～2 分钟与采编记者视觉沟通一次。

2. 注意画面多样性，多拍鲜活生动的特写画面

单纯从画面上看会议现场确实比较枯燥，就是一排领导在主席台，一群听众在下面。所以，会议新闻需要镜头的鲜活和生动。如何做到会议新闻的画面鲜活呢？摄像记者一方面要做到拍摄画面的多样性，多拍具有代表性的固定镜头、推拉摇移镜头、领导特写镜头等；另一方面，摄像记者还要注意抓拍会议现场细节，特别是现场听众对会议精神的理解和学习状态。

（三）领导会见类新闻拍摄

领导会见类新闻拍摄按照谁来了、谁接见了、谈话内容、谁作陪的标准流程来报道的。因为这类新闻具有室内和室外组合镜头，所以会出现光线不同等多种问题。

1. 要了解室内室外安排不同

摄像记者需要提前了解是否有接机等室外镜头拍摄，如果有，需要对摄像机进行调白，然后根据接见室内现场光线、当天室外光线情况利用遮光板等不同道具，确保室内和室外的新闻画面光线不会有明显的视觉差距。然后确定采编记者的报道思路是按照时间顺序进行，还是按照事件重要节点进行，为遵循新闻无剪接拍摄原则，摄像记者要根据本条新闻的时长进行单个镜头拍摄时间分割，要随时知道累计拍摄时间长短，一般只要比新闻报道时长多拍摄 20～60 秒的镜头即可。

2. 要提前进场抢占中间机位

接见类新闻允许拍摄的时间都是有限制的，一般是 2～3 分钟，这就对摄像记者的拍摄技巧和灵活性要求更高。这类新闻会有几个标志性的镜头，如机场接机、双方握手、坐下洽谈、我方讲对方听等镜头，这几种新闻画面的拍摄对机位要求很高，按照接见类新闻画面的拍摄要求，我方领导的镜头是需要相对正面，因为双方握手时习惯性地会对中间机位进行表情释放和动作，如果无法抢占到中间机位，则意味着拍摄出来的画面会有所欠缺，无法表现出双方的底蕴气质。如果慢人一步没有抢到主机位，就只能盯着主机位的新闻单位记者和摄像，请求他们帮助传送几个核心画面。

如果时间非常紧迫，可采用摇拍方式，从一个固定点（可以是一个人物，也可以是一排人物）开始拍摄 2～3 秒，然后保持匀速摇拍到一个正面的大景，这样拍摄画面中特写、中景、远景都有了。

领导考察类新闻的拍摄无非两个场景，一个是室内一个是室外。在拍摄领导考察的新闻前，拍摄记者一定要弄清楚领导考察线路，并携带相应拍摄设备，一般只要不出现领导坐下来谈话的画面，可以不用携带脚架，全靠摄像记者的拍摄功底。如果不用脚架，摄像

在拍摄时要保持呼吸平稳、心跳匀速平静，以防止出现画面抖动的情况。

3. 镜头安排

拍摄过程中首先要拍摄足够多的领导镜头，如领导工作认真、作风务实的画面，领导与基层领导、基层群众调研的画面，拍摄过程中，摄像记者要坚持机子不下肩，随时开机拍摄的状态，重点抓拍领导鲜活或个性的动作体现，例如拍摄领导同志春节下基层调研时，领导坐在炕上与牧民交谈、喝奶茶等画面。通过摄像记者的画面拍摄，向广大电视观众展现领导亲民、认真等人物特点，不能只按规定拍摄生硬和公式化的画面。

央视对此类新闻的拍摄，一般会采用 2～3 台甚至更多的摄像机，多台机器分工合作，这样就可以充分捕捉到领导的鲜活镜头。

4. 同期声的录制和空镜头的拍摄

一般摄像记者在跟拍时会全程录音，但是因为室外新闻现场情况复杂，声音杂乱，采访组会准备专业的吊麦进行现场特定方位的同期声收录，这样就能将现场其他非主要同期音和主要同期音分开录制，确保现场同期声真实、清晰。

空镜头的拍摄是为了更好地体现领导考察现场的情况，所以在领导的非重要讲话部分，摄像可以对周围环境、人物进行拍摄，也可以安排专门摄像机进行大景、中景拍摄，这样既能通过画面介绍当地情况，又能为后期的新闻编辑提供丰富的转场镜头，这也是领导考察新闻中不可或缺的画面。

总之，时政新闻的拍摄需要摄像记者在充分了解现场信息的基础上做好充分准备，从现场调查到后期拍摄都要胆大心细，为拍摄出鲜活生动的画面打下坚实基础。

四、会议新闻节目制作

（一）会议新闻字幕制作

会议新闻的重要组成部分包括图像、声音、字幕等。如果说图像、声音是一条会议新闻的主体，那么字幕则是二者的补充，它可以将图像和声音无法表达或难以表述清楚的内容进行补充说明，因此字幕也是会议新闻中不可或缺的构成元素，它不仅起到了解释说明的作用，同时也起到了一定的美化、装饰效果。

（二）新闻字幕的表现形式及作用

新闻字幕的表现形式很多，主要包括标题字幕、同期声字幕、角标字幕、滚动字幕、整版字幕、片头片尾字幕等，主要介绍 2 种字幕形式。

1. 标题字幕

每条新闻都有其独有的标题，新闻标题通常是一则消息的点睛之笔，对新闻内容起到概括、说明的作用。作为会议新闻的标题更是一种构图元素，它可以美化屏幕，突出视觉效果。

2. 同期声字幕

同期声字幕包括人名字幕和解说词字幕两种，二者都起到解释说明的作用。人名字幕即被采访者的姓名、职务，解说词字幕则是复述该人物所表达的主要内容。很多时候由于被采访者吐字不清、发音不准或者有些年岁较大的人会使用一些方言，这都会影响整条新闻的播出效果，因此配上被采访者解说词是最好的解决办法。

（三）会议新闻转场效果

转场是场景或段落之间的切换，好的转场能够增加视频的连贯性，为了使转换的逻辑性、条理性、艺术性，视觉性方面更好更强，在场面与场面之间的转换中，也需要一定的手法。转场分为两类，即无技巧转场和技巧转场。

会议新闻镜头剪辑中常用无技巧转场。运用时要注意习找合理的转换因素和适当的造型因素。无技巧转场的方法主要有以下几种。

1. 空镜头转场

空镜头是指一些没有人物的镜头，主要用来渲染气氛、掩盖场景切换的跳跃感等。空镜头转场常用于交代环境、背景、时空，激发人物情绪，表达主题思想，是拍摄者表达思想内容、抒发情感意境、调节情绪节奏的重要手段。

2. 声音转场

声音转场是用音乐、音响、解说词、对白等和画面的配合实现转场，是转场的惯用方式。声音转场利用声音过渡的和谐性自然转换到下一画面，主要方式是声音的延续、声音的提前进入、前后画面声音相似部分的叠化。

3. 主观镜头转场

主观镜头转场是指上一个镜头拍摄主体在观看的画面，下一个镜头接转主体观看的对象。主观镜头转场是按照前、后两镜头之间的逻辑关系来处理转场的手法，主观镜头转场既显得自然，同时也可以引起观众的探究心理。

4. 特写转场

特写转场被称为“视觉的重音”，或“万能镜头”，不管上一个镜头是什么，下一组镜头都从特写开始。其特点是：对局部进行突出强调和放大，展现和平时在生活中用肉眼看不到的景别。

5. 两极镜头转场

两极镜头转场利用前后镜头在景别、动静变化等方面的巨大反差和对比，来形成明显的段落间隔，适合大段落的转换。其常见方式是两极景别的运用，由于前后镜头在景别上的悬殊对比，能制造明显的间隔效果，段落感强，属于镜头跳切的一种，有助于加强节奏。

自学检测

一、单选题

1．撰写新闻稿件应注意（　　）。

A．要及时　　B．要准确反映会议精神

C．要送领导人员审核　　D．要有文学色彩

2．会议新闻报道的方式有（　　）。

A．邀请记者随访　　B．撰写新闻报道稿件、向媒体发送

C．秘书接受专题采访　　D．召开记者招待会

3．在决定会议的召开时间前，要充分考虑（　　）的时间安排是否合适。

A．全体代表　　　　　　　　　　B．会议主持人

C．被邀请的主要领导人　　　　　D．主办方的主要领导人

4．庄重、严肃的活动，如会议、新闻、法制等方面的内容，要选择（　　）、厚重的主持词。

A．平稳　　　　B．欢快　　　　C．热烈　　　　D．深情

5．新闻发布会的策划要点是（　　）。

A．选择最合适的新闻发言人

B．注意会议接待人、主持人和发言人的角色

C．组建一个与外界联络的新闻中心

D．要对接听“热线电话”的工作人员进行必要的培训

E．重视新闻发布后的工作

6．会议的新闻报道程序取决于会议的（　　）。

A．规模　　　　B．质量　　　　C．重要性　　　　D．开放程度

7．举行新闻发布会的首要准备活动是（　　）。

A．确定举行新闻发布会的必要性　B．选择会议地点

C．选择主持人和发言人　　　　　D．准备发言资料和报道提纲

8．涉密会议的活动主办单位应当采取（　　）保密措施。

A．严格参加人员审查　　　　　　B．严格涉密载体管理

C．严格场所设备检查　　　　　　D．严格新闻报道审查

9．如何拍摄好会议新闻（　　）。

A．主题突出，在小会议室拍摄时要注意光线的利用

B．会议照片要拍得稳重

C．全景会场照最好将会场过道也拍进画面

D．拍摄主席台领导最好在会议中间阶段拍摄

10．记者应当履行的基本职责是（　　）。

A．社会活动家的职责　　　　　　B．时代瞭望者的职责

C．历史记录者的职责　　　　　　D．采访报道新近发生的重要事实的职责

二、思考题

1．会议新闻的选题来源有哪些？

2．会议新闻的现场拍摄技巧有哪些？

三、实训操作题

在拍摄一场会议新闻时，摄像记者要遵循的规则有哪些？如果是单个摄像记者该怎么做？如果是两个及以上摄像记者该怎么做？

课中实训

实训一　会议新闻认知

课程目标

通过对 2021 年 5 月 31 日山东新闻联播《忠诚之路——全省政法英模先进事迹报告会举行》实训案例和其他资料的学习，引导学生正确认识各类会议新闻的不同点，以及正确分析会议新闻的作用，形成对会议新闻的整体性和系统性认知。

思政目标

1．通过对会议新闻的认知，引导学生始终将新闻的真实性摆在首位，宣传党的创新理论成果，学习党的路线、方针、政策。

2．通过会议新闻的桥梁和纽带作用，正确反映领导机关和领导干部在人民群众中的形象，更好地落实和体现党密切联系群众的工作作风。

3．会议新闻具有工具性、人文性和思想性。按照价值引领、能力达成、知识传授的总体要求，引导学生理解会议新闻传递的会议精神，践行社会主义核心价值观，树立正确的世界观、人生观、价值观。

任务一　会议新闻案例分析

任务描述

学生以小组为单位，共同查找资料、整合信息，以 2021 年 5 月 31 日山东新闻联播《忠诚之路——全省政法英模先进事迹报告会举行》为例，形成对会议新闻主题、构成、视听语言和节目编排方面的基本认知。

会议分析表

项目	分析内容	具体内容
目的	是否正确把握会议的目的、成员？	目的 主题 前例
出席者	是否确认过出席者？	其观点 性格倾向 发言的习惯
会场	是否确认过会场、日期？	会场位置 日期 席位顺序
议题	是否事先针对议题加以检讨？	议题 其资料 检讨

续表

项目	分析内容	具体内容
发言	是否检讨过发言的时机、内容	该发言的时机 误发言的内容 发言是否精简
质询	是否检讨过质询与被质询的事?	想质询的事 时机 可能被质询的事
协助	对主席或协调者的协调态度如何?	是否协助主席 是否协助相同立场的人 表示赞同时态度是否明确
流程	是否很灵敏地抓住会议的流程	对会议的气氛是否很敏感 对会议的流程是否很敏锐 是否能引导会议的流程

会议新闻分类

分类	主题	构成	视听语言	节目编排
工作会议新闻				
集会				
发布会				

相关资料

2021 年 5 月 31 日山东新闻联播《忠诚之路——全省政法英模先进事迹报告会举行》解说词如下。

在全省政法队伍教育整顿深入开展之际，今天下午，《忠诚之路——全省政法英模先进事迹报告会》在济南举行。全国政法队伍教育整顿中央第九督导组组长姚增科，山东省委书记、省政法队伍教育整顿领导小组组长刘家义出席报告会。

政法队伍是一支正气浩荡、英雄辈出的队伍。党的十八大以来，山东政法战线涌现出一大批忠诚履职、为民服务、担当作为的英雄模范人物和集体。他们用实际行动诠释了“绝对忠诚、绝对纯洁、绝对可靠”的政治品质。

报告会上，以身为盾、坚持战斗在排爆安检最前沿的济南市公安局特警支队副支队长张保国，守望天平、打破“清官难断家务事”的济宁市梁山县人民法院副院长张永杰，坚守高墙、拯救心灵于无声的山东省女子监狱十一监区监区长徐玉美，倾听民声、架起党和人民连心桥的聊城市东昌府区人民检察院白云热线办公室主任念以新，燃烧青春、炽热担当永不熄灭的枣庄市滕州市荆河派出所已故民警杨申的生前战友、滕州市公安局二级警长朱君，扎根乡村、铺就基层普法之路的滨州市无棣县司法局信阳司法所所长杨静，浩气凛然、扫黑路上百炼成钢的潍坊市公安局刑警支队四大队大队长孙武兴等政法英模用真挚的感情、朴实的语言，讲述了自己以及所在团队的先进事迹，感人至深、鼓舞人心、催人奋进，台下观众为他们的精彩报告报以长时间雷鸣般的掌声。大家表示，一定以政法英模为榜样，把理想信念的坚定性体现到做好本职工作的过程中，做忠诚、干净、担当的新时代政法干警，努力在各自岗位上取得新的更大成绩，以实际行动庆祝建党一百周年。

会议采取视频形式，省领导林峰海、范华平、陈勇，中央督导组山东小组有关同志，省政法队伍教育整顿领导小组成员单位有关负责同志，省政法各单位有关领导同志和政法干警、群众代表等在主会场参加报告会。省政法各单位和各市设分会场。

知识拓展

会议新闻的定义

会议新闻是报道会议上发生或与会议有关的新闻。通常可以把会议新闻理解成是报道会议的新闻。有些会议之所以成为新闻，是因为它和当前局势密切相关。会议内容一般是报道的重点，但有时会议的议题、程序，出席会议的成员，召开会议的时间、地点等也会成为报道的热点。会议新闻是宣传党的路线、方针、政策的一种重要形式，是党和政府指导工作的一种方式，应该予以重视，但也不宜过多过滥。会议新闻的写作应力求简明扼要，其关键是对重要人物的重要讲话和会议决议进行必要的提炼，对多个信息进行恰当的取舍，以突出最主要的内容。以会议文件为主要报道内容的新闻，如果文件长，内容庞杂，一般要化整为零，分割成若干篇，一篇一个标题，一篇突出一个重点。

（一）时政新闻报道的具体流程

时政新闻是对领导人活动的新闻报道，在遵循普遍新闻规律的基础上，其工作性质和工作方式有一定的特殊要求，所有相关人员必须认真认真再认真，慎重慎重再慎重，用心用力做好此项工作。

时政新闻目前的工作流程如下：

（1）接受报道任务。

（2）组织安排报道人员。

（3）出发前做好准备工作。

（4）出发采录新闻。

（5）抵达现场做好准备。

（6）完成现场拍摄任务。

（7）回台编辑合成新闻。

（8）新闻送审。

（9）新闻节目播出。

时政新闻的工作人员，在进行新闻报道时，要严格按照这一操作流程工作。

（二）接受报道任务

时政新闻报道任务的来源主要有两个途径：

（1）部门正式的文件通知。

（2）相关部门负责新闻报道同志本人的电话通知。

其他方式了解到的情况，只作为参考，不作为正式通知对待。

时政新闻负责工作记录的同志要严格按以下规章制度工作：

（1）严守机密，不该说的不说，不该问的不问。

（2）保管好各种文件，严防文件丢失或失密。

（3）每天 8:00 至 19:00 要在岗值班（当天 19:30 至次日 8:00 按台上值班要求进行）。

（4）接到文件通知后，要在接收到文件的当天与文件上标明的联系人再次电话核实有关情况。

（5）接到电话通知时，要详细记录新闻事件发生的时间地点，主要出席的领导同志，活动的大致情况，主办部门联系人的详细联络方式，并将记者的详细联系方式通知对方。

（6）要将所接收的任务及掌握的情况及时记录在工作记录本上，以备将来核查。

（7）要将所掌握的重要新闻报道任务及时向值班主任报告，主要领导的由值班主任向制片人、总监、台领导报告。原则上一般新闻事件，由值班主任和主任掌握，重大情况接到通知后立即汇报。

（三）组织安排报道人员

1. 选题上报

接到重大报道任务后，要在严格遵守保密条例的前提下，将重大新闻报道活动逐级上报，并在台领导、新闻综合频道负责人的指导下协商报道方法，确定大致的报道方案。

常规新闻报道，按新闻综合频道正常报题制度上报。

2. 具体安排新闻报道人员

值班主任根据有关新闻报道情况，在每天 17:00 之前安排好第二天参与每一场新闻报道工作的记者和编辑。要通知相关的其他部门，做好第二天新闻采访的技术和其他方面的准备。

3. 安排工作要遵循以下原则

（1）原则上一组记者每天从事一项工作。由于目前有些情况需连场拍摄，因此遇连场拍摄时要考虑具体情况，保证可行性。

（2）安排工作要考虑每个新闻事件的特点，并提出相关的技术要求。

（3）要根据每条新闻的实际情况，向有关部门上报参加报道的记者名单和车号。

（4）要保管好主办单位提供的记者证和车证，并提供给参与报道的人员。

（5）工作安排的最终体现是工作板上的文字表述。工作板的文字表述要严谨，其他同志如发现工作安排有误，不要随意修改，请通告安排工作的同志修改。

（6）每天要预留一组记者值班，以应对突发新闻。

（7）17:00 以后的突发新闻原则上通知夜间值班人员。同时强调时政新闻的每个人每天都要保持手机的畅通，如遇手机联系不上了，在规定的时间（3 分钟内）不回的情况，视为违规，当事人将被处罚。

（四）做出发前做好准备工作

拍摄新闻前记者、摄像、司机等各个工种的人员都要按下面规则做好各自出发的准备工作。

（1）设备配备：市委书记一般配备两部摄像机，一大一小，话筒、话筒线各一只，三脚架两支、灯光两套、录音笔一支、插座各一套（重大活动除外）。

市长、副书记活动配备摄像机一套、三脚架一支、灯光一套、录音笔一支（重大活动除外）。

其他领导活动配备摄像机一部、灯光一套、录音笔一支。

（2）审批设备和车辆。

（3）出发前记者要提前检查机器设备，要检查摄像机的工作状态是否正常，包括声音图像是否正常，要试验录制一段彩条及背景声音，以核实摄像机工作状态是否正常；要检查三脚架，每场活动必须带三脚架，条件允许的情况下一定使用三脚架拍摄；要检查磁带（每次拍摄必须多准备至少一盘磁带以防意外情况出现）。

（4）司机要检查车辆运行状态是否完好。

（五）出发采制新闻

出发采录新闻，记者和司机要按以下规则执行。

（1）原则上要求在新闻发生前半小时抵达新闻发生现场。遇特殊情况时，根据具体路程的远近，确定出发时间，赶早不赶晚。

（2）由值班主任、主要记者负责在出发时联络、指挥和协调。

（3）出发时要注意所有人员和设备到位。

（六）抵达现场做好准备

抵达新闻拍摄现场后主要记者在拍摄现场是总指挥、总调度。所有参与人员要严格按以下规则工作。

1. 记者要遵循的规则

（1）记者到达现场后要与有关同志联系，了解相关情况，并负责现场的协调工作。

（2）记者在根据所发新闻的要求、现场主管同志的意见和新闻现场的实际情况，与摄像记者共同协商，提出具体的拍摄要求和拍摄方案。

（3）记者要将拍摄方案理解明白无误，不要产生理解上的差异。记者提出拍摄具体要求，摄像记者未能按照要求完成的，摄像记者要承担责任；记者现场未提出具体要求，或方案提的不具体、不明确，如果出现镜头拍摄不到位等问题，记者负主要责任，摄像记者也有责任。

（4）在拍摄方案确定后，摄像记者要坚决执行，不折不扣。所拍新闻需要记者现写出稿件的，要及时编写新闻稿件，并按规定送审。

（5）如要使用通稿，记者尽可能在现场拿到通稿（含未定稿件）。现场无法拿到的情况下，要确定专人提供，并要做好联系工作。记者要与现场主管同志协商新闻稿件能否删改，怎样删改。

（6）如有关部门负责同志对新闻提出一些要求，记者现场要负责记录，回台后向领导汇报。在台有关领导的指导下，坚决执行。

（7）采访中了解到的重要信息、领导同志的重要意见需局、台领导知道的，要及时汇报。

（8）如果条件许可，要将领导考察的现场情况尽可能了解详细，可以做成新闻播发，也可作为新闻素材保留。

2. 摄像记者要遵循的规则

（1）到达现场后摄像记者要及时了解活动情况并做好准备工作。摄像记者和记者到达新闻现场后，要一起确认现场出席人员的名单、座次及拍摄顺序。

（2）到达新闻现场后，摄像记者要了解活动程序，并在拍摄方案基础上，再次完善细化拍摄方案。要与灯光技术员再次一起检查机器设备。

（3）要在拍摄现场，调黑平衡和白平衡。遇现场无法提前进入的情况下，要了解现场的灯光情况，注意滤色片的选择。

（4）遇两位或多位摄像同时参与拍摄的情况下，拍摄分工要明确，主摄像要协调所有拍摄人员统一调试黑平衡和白平衡。所有摄像机拍摄的画面要保持色调的一致。

（5）摄像记者要遵循摄像基本原则，镜头要规范、稳定、流畅。

（七）按报道计划完成现场拍摄任务

新闻发生后，所有参与工作的人员要团结协作，各司其职，共同完成新闻报道任务。要遵守以下规则。

（1）领导同志出席的活动开始后，摄像记者要严格按照事先制订的拍摄计划拍摄。

（2）现场采访负责人要注意现场的情况，注意全面的协调工作。

（3）新闻采访中，记者要注意自身的安全和领导同志的安全，要注意记者的形象和风范。不该问的不问，不该说的不说。

（4）遇现场或机器设备出现意外情况时要冷静，要及时向有关负责同志和台里值班主任请示。遇无时间请示时要当机立断处理，争取以最好的方式解决。

（八）时政新闻的文稿要求

（1）重大活动、主要会议、市委书记或市长参加的活动由记者与其他媒体记者共同撰写通稿，没有通稿要自己采写，同时发挥电视的特长，能用同期声的尽量用。终审稿截止时间为每日 17:00。

（2）其他领导的活动，侧重活动的内容，着重报道新闻事件。

（3）市领导参加的剪彩、开业等活动按照市委制定的《领导政务活动规范》报道。

（4）部门召开的无市领导参加的工作会议或者副市长以下领导参加的行业会议，原则上只报道新闻事实，领导名字可提一下。

（5）时政新闻稿件要符合电视新闻特点。

（6）时政新闻同样要用民生角度采制。

（九）时政新闻的长度要求

（1）重大会议按照市委、市人大常委会、市政府的要求报道。原则上单条新闻长度不宜超过 5 分钟。可以分层次做成多条新闻。

（2）市委主要领导参加的活动时间不限。原则上不超过 5 分钟。

（3）市政府主要领导参加的活动控制在 2 分钟。

（4）市委副书记、人大常委会和政协主要领导活动一般不超过 1 分钟。

（5）市委常委的活动一般不超过 50 秒。

（6）一般市领导的政务活动不超过 30 秒，主要报道活动的新闻点。

（7）市领导分别参加的集中活动如节日走访等，应作综合报道。除主要领导保证时长外，其余相应压缩。

（十）时政新闻的上载与剪辑要求

（1）时政活动镜头要充分，素材要丰富，镜头到位。除会议之外，要有现场观看的当事人工作镜头，或者准备好相关资料素材。

（2）记者要协调好采访归来镜头上载由谁负责，谁剪辑。上载镜头要全，将拍摄镜头全部上载。

（3）值班主任要浏览记者素材，帮助记者挑选符合要求的镜头。

（4）剪辑要符合镜头语言逻辑和剪辑规律，灵活运用蒙太奇效果。

（5）市委主要领导的新闻，特写出 3 次以上，每次 5～7 秒。市政府主要领导的新闻，特写出 3 次，每次 5 秒。副书记、市人大、市政协主要领导，市委常委的新闻，特写出 1 次，5 秒。其他市领导的新闻特写出 1 次，3 秒。

（6）多位市领导出席会议或者参加活动，镜头除按规定时间外，还要按照排名顺序出，一般编在片子开始部分。

任务二　会议新闻作用分析

任务描述

学生以小组为单位，根据任务一“会议新闻案例分析”中对会议新闻的系统性认知，查阅相关资料，结合实际情况，从多个方面分析会议新闻的作用，形成对会议新闻的整体性、系统性认知，全面了解会议新闻。

会议新闻作用分析

项目	作用	项目	作用
报道内容		涉及领域	
报道方式		群众基础	
信息通道		意见论坛	
宣传作用		引发反响	

相关资料

会议新闻的作用。

（1）新闻媒体通过对会议的报道，及时将党的理论、方针、政策和各项工作等信息传递给社会各界，积极地引导社会舆论，始终是新闻媒体一项重要的社会职能。

（2）会议新闻是党和政府联系群众的桥梁，也是体现党的优良传统和作风的重要途径。会议新闻可以最直观地反映党的各级领导机关和领导干部思想作风、工作作风和领导作风，其报道内容和报道方式是否贴近现实、贴近生活、贴近群众，直接关系到领导机关和领导干部在人民群众中的形象，关系到新闻媒体如何更好地落实和体现党密切联系群众的工作作风。

（3）会议新闻既是群众了解中央政府政策变动的信息通道，也是体现群众民主参政议政的发表意见的平台。新闻媒介一方面及时地将政府的决策过程公之于众，让群众对决策内容看个明白；另一方面，新闻媒介还为群众提供发表自己的意见的论坛，让群众对决策内容说个清楚。目的在于使党和政府的决策与人民群众的意见在讨论中达成共识，从而成为经济发展与社会进步的强大推动力。对于大多数的群众来说，通过新闻媒体实现的决策参与更为普遍，而代表广大人民群众参政议政，就成为新闻媒体推动社会主义民主法制建设的重要责任。

（4）会议新闻既是新闻宣传工作的重点领域，也是新闻业务改革的突破口。会议新闻担负着党和政府发布政策信息的基本职能，直接影响新闻宣传的效果。同时会议消息为新闻媒体提供了丰富的新闻线索或信息来源，是新闻报道最大的“内容提供商”，也最能体现新闻报道的集中效应。特别是在重要的会议报道中，会议新闻已成为新闻媒体显示综合实力和新闻创新成果的重要场合，直接影响和推动着新闻媒体报道业务水平的提高。

“会议新闻认知”任务书

任务描述

观看会议新闻，以 2021 年 5 月 31 日山东新闻联播《忠诚之路——全省政法英模先进事迹报告会举行》为例，以小组为单位，共同查找资料、整合信息，形成对会议新闻的整体性、系统性认知。

会议新闻认知

会议新闻是重要会议的报道。有些会议之所以成为新闻，是因为它和当前局势密切相关。会议内容一般是报道的重点，但有时会议的议题、程序、出席会议的成员、召开会议的时间、地点等也会成为报道的热点。本节课通过对会议新闻的案例分析和作用分析，形成整体性、系统性认知。

任务要求

（1）通过对会议新闻的认知，以小组为单位提交一份关于会议新闻认知的课堂笔记。

（2）通过分析完成开学第一周新闻，并知晓会议新闻的含义、作用、分类、写作要求等。能在老师的讲解下，真正对会议新闻有新的认知和理解。

（3）发扬潜心钻研的精神，做事一丝不苟、追求极致，要勇于创新和探索实践，更好立足实际。

任务分组

<table>
<tr><td>任务名称</td><td colspan="3"></td><td>日期</td><td></td></tr>
<tr><td>班级</td><td colspan="3"></td><td>授课教师</td><td></td></tr>
<tr><td>组号</td><td></td><td>组长</td><td></td><td>学号</td><td></td></tr>
<tr><td colspan="6">组内成员</td></tr>
<tr><td>组员</td><td>学号</td><td colspan="3">任务分工</td><td>备注</td></tr>
<tr><td></td><td></td><td colspan="3"></td><td></td></tr>
<tr><td></td><td></td><td colspan="3"></td><td></td></tr>
<tr><td></td><td></td><td colspan="3"></td><td></td></tr>
<tr><td></td><td></td><td colspan="3"></td><td></td></tr>
</table>

获取信息

引导问题 1：自主回顾总结会议新闻的相关知识。

____

____

引导问题 2：查阅相关资料，了解会议新闻制作的方法，分析其创新点，完成下表。

序号	主要创新点	创新点描述
1		
2		
3		
4		
5		

引导问题 3：通过了解会议新闻定义等相关知识，理解电视新闻记者的党性原则和政治意识等。

____

____

引导问题 4：小组内讨论每个同学对所有引导问题给出的答案，综合每位同学的意见，确定小组的最佳答案。

组内成员	问题 1	问题 2	问题 3

评价反馈

引导问题 5：由小组长在班上进行陈述，由各位同学和老师进行打分评价反馈，并由老师点评。

组号		评价内容				
评价人		问题 1（25 分）	问题 2（25 分）	问题 3（25 分）	问题 4（25 分）	总分
小组评分						
教师评分						
教师评价意见						

实训二　会议新闻选题和内容设计

课程目标

分析 2020 年 12 月 2 日山东新闻联播《中共山东省委十一届十二次全体会议举行》实训案例，掌握会议新闻的选题方法和内容设计思路，了解会议新闻的特征及其意义，初步完成会议新闻前期制作。

思政目标

1．通过对会议新闻选题和内容设计的掌握，能够领会会议新闻的基本要领，进一步丰富对会议新闻的认知，提高传媒职业素养。

2．牢牢把政治性摆在制作会议新闻的核心位置，通过选择恰当的、优秀的、顺应时代潮流的会议新闻选题，设计观众喜闻乐见的内容，提高学生的思想道德修养和人文素养。

3．在学习中，充分发挥会议新闻的政治功能、导向功能、育人功能、渗透功能，引导学生坚定理想信念，塑造健全的理想和人格。

任务一　确定会议新闻选题

任务描述

学生以 2020 年 12 月 2 日山东新闻联播《中共山东省委十一届十二次全体会议举行》为制作模板，以小组为单位，查阅资料，充分讨论，明确会议新闻的选题要求，制定本小组会议新闻选题方案。

（1）通过学习了解会议新闻的特征及其意义。

（2）熟练掌握会议新闻制作的要求、方法和技巧。

（3）迅速找到会议新闻的选题，提高新闻的可读性，在新闻中有重点地反映会议内容，写出会议本身的特色，即突出新信息、新形式、新变化等。抓住要解决的重要问题，而这些重要的问题都是和实际工作，和人民群众的生产、生活息息相关的。因此，会议新闻要抓住最具新闻价值和宣传价值的问题，回答读者最关心的问题。标清制作，时长 90 秒，发布在抖音、快手、微信公众号等平台。

会议新闻选题来源

选题来源	举例
党和国家的方针政策	
抓住社会热点	
注重突发事件报道	
可以“一材多用”	
街谈巷议	

相关资料

2020 年 12 月 2 日山东新闻联播《中共山东省委十一届十二次全体会议举行》解说词如下（部分）。

中国共产党山东省第十一届委员会第十二次全体会议，于 2020 年 11 月 30 日至 12 月 2 日在济南举行。

出席这次全会的有省委委员 84 人。省纪委常委和有关方面负责同志列席会议。省第十一次党代会代表中的部分基层同志也列席会议。

全会由省委常委会主持。省委书记刘家义作了讲话。

全会以习近平新时代中国特色社会主义思想为指导，深入学习贯彻党的十九届五中全会精神，听取和讨论了刘家义受省委常委会委托作的工作报告，审议通过了《中共山东省委关于制定山东省国民经济和社会发展第十四个五年规划和二〇三五年远景目标的建议》。刘家义就《建议（讨论稿）》向全会作了说明。

全会认为，党的十九届五中全会是在“两个一百年”奋斗目标的历史交汇点上召开的一次十分重要的会议，在党和国家发展进程中具有重要里程碑意义。习近平总书记发表的重要讲话，科学回答了党和国家事业发展的一系列重大理论和实践问题，为我们做好各项工作指明了方向、提供了根本遵循。《中共中央关于制定国民经济和社会发展第十四个五年规划和二〇三五年远景目标的建议》科学描绘了未来五年乃至更长时期我国经济社会发展的宏伟蓝图，是夺取全面建设社会主义现代化国家新胜利的纲领性文件。全省各级党组织和广大党员干部要把学习宣传贯彻党的十九届五中全会精神作为当前和今后一个时期的重要政治任务，深入学思践悟，主动担当作为，确保习近平总书记重要讲话精神和党中央决策部署在山东落地生根、见到实效。

全会充分肯定了一年来省委常委会的工作。一致认为，面对突如其来的新冠肺炎疫情和严峻复杂的形势，省委常委会在以习近平同志为核心的党中央坚强领导下，坚持以习近平新时代中国特色社会主义思想为指导，全面贯彻党的十九大和十九届二中、三中、四中、五中全会精神，认真落实习近平总书记对山东工作的重要指示要求，统筹推进“五位一体”总体布局，协调推进“四个全面”战略布局，坚持稳中求进工作总基调，贯彻新发展理念，推动高质量发展，聚焦“走在前列、全面开创”，统筹疫情防控和经济社会发展，扎实做好“六稳”工作，全面落实“六保”任务，深入落实八大发展战略，强力实施九大改革攻坚，纵深推进全面从严治党，疫情防控工作取得重大战略成果，三大攻坚战扎实推进，经济增长好于预期，人民生活持续改善，社会大局保持稳定，各项工作取得重大成效。

会议拍摄镜头要求

一、会议开始阶段

（1）领导的特写镜头各两个、全的两个、分组各两个。

（2）主席台全景两个、重要会议会标两个。

（3）会议主持人镜头两个。

（4）领导讲话镜头分别取三种情态各两个。

（5）会场全景两个、切一组；摇一组、移一组。

二、会议进行阶段

（1）领导讲话镜头视情况拍摄。

（2）抓拍会场的细节镜头。

（3）会场中的常用景别镜头（大、中、全）。

（4）会场中的常用技巧镜头（摇、移、推、拉、切）。

三、会议结尾阶段

（1）检查上两个阶段的图像质量，有针对性地补拍镜头。

（2）领导镜头多拍，主席台的全景一个。

（3）会场的一组（各景别、各技法）。

四、画面拍摄要求

（1）特写一般以拍到桌子前边的近景为宜。专访、站立等镜头以到西服扣为宜。

（2）视角要平、不要仰视，更不要俯视。拍摄时注意调整记者站立的高度。

（3）以正面、小侧面为主，不拍大侧面。要注意选取具体领导者的最佳角度。

（4）注意抓拍最佳时机、最佳情态的讲话，视察镜头。

（5）注意领导并立并行时的拍摄，个头、体型不宜差别太突出；否则单拍或换角度。

（6）注意光线，背景太亮时宜用灯光补救。

（7）摄像机尽量用手动按钮，慎用自动。

（8）前景空旷或较乱时，可设置花等前景；前景不可对桌角。

（9）后景空旷或较乱时，可用变焦拍摄或压低上幅拍摄。

（10）领导的主次宜分清，镜头的主次也宜分清。

（11）讲究构图，注意技法到位。

（12）领导讲话镜头，拿稿子的一般不拍，低头讲话的不拍（如果始终不脱稿讲话，可拍稍抬头的），喝水的时候不拍，精神状态不好不拍，讲话发挥的时候拍。

（13）领导活动镜头，尤其是上边领导来的活动要注意突出相关领导的镜头。如果需要向省台回传，要兼顾省台和本台发稿要求，尽量多抓拍一些领导询问、交谈等神采奕奕的画面。要多拍摄领导考察的现场工作的画面。

（14）领导出席的会议，记者不得提前退出，要善始善终地听完、拍完，以免出现遗漏，导致不应有的失误。如果有必要有先回台发片子的，要留下一人等活动结束。

任务二　设计会议新闻内容

任务描述

学生以小组为单位，根据对会议新闻选题的了解和学习，查阅相关资料，确定本组选题，并撰写分镜头脚本，完成会议新闻内容设计。

会议新闻内容设计大纲

设计要素	具体内容
主要内容	
封面与字幕	
分镜头脚本	
时长	
解说词	

相关资料

会议新闻的制作技巧

一、深入挖掘会议新闻报道的亮点

一篇会议报道说好写也好写，说不好写也不好写。好写是因为只要把新闻的 5 个 W 介绍清楚，让受众知道会议召开的内容以及前因后果，这个新闻就算及格；但是要想将会议报道写好、写精彩，那就不是一件简单的事情了。如果想写好，除了有会议新闻的基本内容之外，还要有别人没有发现的亮点，这样的会议新闻写出来才会吸引受众的眼球，得到受众的喜爱。

那么如何在会议报道中发现别人不易察觉的新闻亮点呢？著名电视人、中央电视台新闻中心评论部副主任陈虻曾对柴静说：“用你的皮肤感觉新闻。”聪明的记者不会拘泥于会议已有的材料，而会竖起耳朵、睁大双眼，去寻找、去发现，只有这样，才能捕捉会议报道鲜活的“源头活水”。

二、跳出会议之外捕捉新闻

会议承载的信息、事实是有限的，但是会议外的采访新闻信息是无限的。好记者不能满足于写出会议消息就算了事，还要善于做加法，注意与会议相关事实的关联性，善于触类旁通，延伸会议消息的主题、内容，挖掘会议消息的真正价值，提升会议消息的重要性。

三、会议报道要故事化

会议新闻的深入采访固然重要，但是好的会议新闻是写出来的。那么，什么形式的会议报道更吸引受众呢？在长期的新闻写作实践中，我们很容易发现，用讲故事的形式写会议报道更让人喜欢，更能吸引受众的眼球。

知识拓展

会议新闻的改革新方向

会议报道改革就是要找到会议中的亮点，抓住会议中与受众最密切相关的新闻点，放大做透，选择最好的角度吸引受众的目光。同时，会议新闻报道同样需要策划，提前“介入”会议报道，通过策划来提高会议报道的质量，吸引读者。

与此同时，要认识到会议是重要的新闻源，主流媒体占据着政策优势和会议优势，应该在做好常规会议报道的同时，深入挖掘会议中蕴含的新闻资源。

要做好会议新闻报道，还要注重政策，这对于媒体相当重要。在写作的时候要注重一些写作原则，例如提倡厚题薄文、直截了当写导语、文章风格追求朴实无华等。力争通过捕捉会议中亮点写出会议报道精品来。主流媒体的会议报道应该加以改进，达到民意、官意与媒意三者的和谐统一。

“会议新闻选题和内容设计”任务书

任务描述

观看会议新闻，以 2020 年 12 月 2 日山东新闻联播会议新闻《中共山东省委十一届十二次全体会议举行》为例，以小组为单位，明确本小组会议新闻的选题要求。

会议新闻选题分析

掌握会议新闻的选题要素，迅速找到会议新闻的选题，提高新闻的可读性，在新闻中有重点地反映会议内容，写出会议本身的特色，即突出新信息、新形式、新变化等。抓住要解决的重要问题，而这些重要的问题都是和实际工作和人民群众的生产、生活息息相关的。因此，会议新闻要抓住最具新闻价值和宣传价值的问题，回答读者最关心的问题。

任务要求

（1）通过学习了解会议新闻的特征及其意义。

（2）熟练掌握会议新闻制作的要求、方法和技巧。

（3）掌握会议新闻的选题要素。深入挖掘会议新闻报道的亮点；跳出会议之外捕捉新闻；会议报道要故事化。

（4）能在老师的讲解下，对会议新闻选题有新的认识和理解。

任务分组

<table>
<tr><td>任务名称</td><td colspan="3"></td><td>日期</td><td></td></tr>
<tr><td>班级</td><td colspan="3"></td><td>授课教师</td><td></td></tr>
<tr><td>组号</td><td></td><td>组长</td><td></td><td>学号</td><td></td></tr>
<tr><td colspan="6">组内成员</td></tr>
<tr><td>组员</td><td>学号</td><td colspan="3">任务分工</td><td>备注</td></tr>
<tr><td></td><td></td><td colspan="3"></td><td></td></tr>
<tr><td></td><td></td><td colspan="3"></td><td></td></tr>
<tr><td></td><td></td><td colspan="3"></td><td></td></tr>
<tr><td></td><td></td><td colspan="3"></td><td></td></tr>
</table>

获取信息

引导问题 1：自主回顾总结对会议新闻选题。

____

____

____

____

引导问题 2：查阅相关资料，了解学习会议新闻选题，分析其会议新闻选题的优越性，完成下表。

序号	选题视频	可参考点并分析
1		
2		
3		
4		
5		

引导问题 3：通过对会议新闻选题的了解，思考对我们以后的学习、工作的启发，特别是作为一线的媒体人员应该具备的职业道德、职业素养、职业精神。

引导问题 4：小组内讨论每个同学对所有引导问题给出的答案，综合每位同学的意见，确定小组的最佳答案。

组内成员	问题 1	问题 2	问题 3

评价反馈

引导问题 5：由小组长在班上进行陈述，由各位同学和老师进行打分评价反馈，并由老师点评。

组号		评价内容			
评价人	问题 1（25 分）	问题 2（25 分）	问题 3（25 分）	问题 4（25 分）	总分
小组评分					
教师评分					
教师评价意见					

实训三　会议新闻拍摄

课程目标

通过本次实训内容的学习，能够熟练掌握分镜头脚本撰写、会议新闻拍摄、同期声采集等知识，能够独立完成会议新闻制作。

思政目标

1. 在制作会议新闻时熟练掌握分镜头脚本撰写、拍摄方式、同期声采集等知识，将知识、能力、价值塑造有效融合到实训任务当中，促进会议新闻制作和思想政治理论学习同向同行、协同发力，提高会议新闻课堂的亲和力和影响力。

2. 作为党的喉舌，在会议新闻的制作过程中，一定要增强“四个意识”，坚定“四个自信”，做到“两个维护”，提高大局观。

3. 通过会议新闻拍摄学习，掌握会议新闻拍摄的镜头运用、画面调整等方面，如实反映拍摄现场的情况，向观众传递会议新闻的真实性，传递正能量，传递时代的声音，紧跟党的步伐。

任务一　会议新闻分镜头脚本设计

任务描述

学生以小组为单位，根据实训二会议新闻选题和内容设计所学内容，撰写分镜头脚本，要求脚本分镜合理、结构完整、情节饱满，正确体现会议新闻的景别、拍摄技巧、画面内容、时长和解说词。

会议新闻分镜头脚本设计表

序号	景别	拍摄技巧	画面内容	时长	解说词

相关资料

2020 年 12 月 2 日山东新闻联播会议新闻《中共山东省委十一届十二次全体会议举行》文字稿及分镜头分析（前 3 分钟）。

中共山东省委十一届十二次全体会议举行

中国共产党山东省第十一届委员会第十二次全体会议，于 2020 年 11 月 30 日至 12 月 2 日在济南举行。（**镜头 1**）

出席这次全会的有省委委员 84 人。省纪委常委和有关方面负责同志列席会议。

省第十一次党代会代表中的部分基层同志也列席会议。**（镜头 2）**

全会由省委常委会主持**（镜头 3）**。省委书记刘家义作了讲话。**（镜头 4）**

全会以习近平新时代中国特色社会主义思想为指导，深入学习贯彻党的十九届五中全会精神**镜头 5（主席台的侧景）**，听取和讨论了刘家义受省委常委会委托作的工作报告，**（镜头 7 观众席的侧景）**

审议通过了《中共山东省委关于制定山东省国民经济（**镜头 8 观众席的另一侧景**）和社会发展第十四个五年规划（**镜头 9 主席台侧景**）和二〇三五年远景目标的建议》。**（镜头 10 观众席正全景）**

刘家义就《建议（讨论稿）》向全会作了说明。

全会认为，党的十九届五中全会是在“两个一百年”奋斗目标的历史交汇点上召开的一次十分重要的会议，在党和国家发展进程中具有重要里程碑意义。习近平总书记发表的重要讲话，科学回答了党和国家事业发展的一系列重大理论和实践问题，为我们做好各项工作指明了方向、提供了根本遵循。《中共中央关于制定国民经济和社会发展第十四个五年规划和二〇三五年远景目标的建议》科学描绘了未来五年乃至更长时期我国经济社会发展的宏伟蓝图，是夺取全面建设社会主义现代化国家新胜利的纲领性文件。全省各级党组织和广大党员干部要把学习宣传贯彻党的十九届五中全会精神作为当前和今后一个时期的重要政治任务，深入学思践悟，主动担当作为，确保习近平总书记重要讲话精神和党中央决策部署在山东落地生根、见到实效。

全会充分肯定了一年来省委常委会的工作。一致认为，面对突如其来的新冠肺炎疫情和严峻复杂的形势，省委常委会在以习近平同志为核心的党中央坚强领导下，坚持以习近平新时代中国特色社会主义思想为指导，全面贯彻党的十九大和十九届二中、三中、四中、五中全会精神，认真落实习近平总书记对山东工作的重要指示要求，统筹推进“五位一体”总体布局，协调推进“四个全面”战略布局，坚持稳中求进工作总基调，贯彻新发展理念，推动高质量发展，聚焦“走在前列、全面开创”，统筹疫情防控和经济社会发展，扎实做好“六稳”工作，全面落实“六保”任务，深入落实八大发展战略，强力实施九大改革攻坚，纵深推进全面从严治党，疫情防控工作取得重大战略成果，三大攻坚战扎实推进，经济增长好于预期，人民生活持续改善，社会大局保持稳定，各项工作取得重大成效。

会议镜头分解表（部分分镜头）

序号	景别	拍摄方式	画面内容	时长	解说词
1	全景	推镜头	主席台由远推近	8s	中国共产党山东省第十一届委员会第十二次全体会议，于 2020 年 11 月 30 日至 12 月 2 日在济南举行，出席这次全会的有省委委员 84 人
2	全景	摇镜头	观众席由上到下	7s	省纪委常委和有关方面负责同志列席会议。省第十一次党代会代表中的部分基层同志也列席会议
3	中景	固定	主席台各位领导入镜	3s	全会由省委常委会主持
4	特写	固定	刘家义讲话	6s	省委书记刘家义作了讲话

续表

序号	景别	拍摄方式	画面内容	时长	解说词
5	中景	固定	主席台领导举手表决	4s	全会以习近平新时代中国特色社会主义思想为指导，深入学习贯彻党的十九届五中全会精神
6	近景	固定	C 位领导和左右领导入镜	3s	
7	中近景	固定	观众席左侧机位入镜	3s	听取和讨论了刘家义受省委常委会委托作的工作报告
8	中近景	固定	观众席右侧机位入镜	3s	审议通过了《中共山东省委关于制定山东省国民经济
9	中景	固定	主席台各位领导鼓掌通过	3s	和社会发展第十四个五年规划
10	中景	固定	观众席各位领导鼓掌通过	3s	和二〇三五年远景目标的建议》
11	特写	固定	刘家义讲话	10s	刘家义就《建议（讨论稿）》向全会作了说明
12	特写	固定	刘干杰（主席台领导）	2s	全会认为，党的十九届五中全会是在“两个一百年”奋斗目标的历史交汇点上召开的一次十分重要的会议
13	特写	固定	杨东奇（主席台领导）	2s	在党和国家发展进程中具有重要里程碑意义
14	特写	摇镜头	从左到右（主席台领导入镜）	11s	习近平总书记发表的重要讲话，科学回答了党和国家事业发展的一系列重大理论和实践问题，为我们做好各项工作指明了方向、提供了根本遵循
15	特写	摇镜头	从右到左（主席台领导入镜）	10s	《中共中央关于制定国民经济和社会发展第十四个五年规划和二〇三五年远景目标的建议》科学描绘了未来五年乃至更长时期我国经济社会发展的宏伟蓝图
16	全景	摇镜头	观众席从右往左代表入镜	8s	是夺取全面建设社会主义现代化国家新胜利的纲领性文件
17	特写	固定	观众席一位领导认真听会	2s	全省各级党组织和广大党员干部要把学习宣传贯彻党的十九届五中全会精神
18	中近景	拉镜头	观众席右侧机位往回拉	5s	作为当前和今后一个时期的重要政治任务，深入学思践悟，主动担当作为
19	中近景	推镜头	观众席左侧领导听会画面	5s	确保习近平总书记重要讲话精神和党中央决策部署在山东落地生根、见到实效
20	近景	拉镜头	观众席右方领导听会记录	3s	全会充分肯定了一年来省委常委会的工作。一致认为，面对突如其来的新冠肺炎疫情和严峻复杂的形势
21	近景	推镜头	观众席左方领导听会记录	6s	省委常委会在以习近平同志为核心的党中央坚强领导下
22	近景	拉镜头	观众席领导查阅文件	4s	坚持以习近平新时代中国特色社会主义思想为指导，全面贯彻党的十九大和十九届二中、三中、四中、五中全会精神
23	近景	推镜头	观众席左方领导听会记录	8s	认真落实习近平总书记对山东工作的重要指示要求，统筹推进“五位一体”
24	近景	拉镜头	观众席右方领导听会记录	7s	总体布局，协调推进“四个全面”战略布局，坚持稳中求进工作总基调，贯彻新发展理念

续表

序号	景别	拍摄方式	画面内容	时长	解说词
25	近景	推镜头	观众席左方领导听会记录	6s	推动高质量发展，聚焦“走在前列、全面开创”，统筹疫情防控和经济社会发展
26	近景	摇镜头	观众席右方领导听会记录	5s	扎实做好“六稳”工作，全面落实“六保”任务，深入落实八大发展战略，强力实施九大改革攻坚
27	近景	推镜头	观众席左方领导听会记录	4s	纵深推进全面从严治党，疫情防控工作取得重大战略成果，三大攻坚战扎实推进
28	全景	摇镜头	从左到右观众席到主席台入境	8s	经济增长好于预期，人民生活持续改善，社会大局保持稳定，各项工作取得重大成效

知识拓展

通俗地讲，将文字分镜头视觉化就是画面分镜头。画面分镜头的内容栏不再是简单的文字叙事。而是转化成了一副副真实呈现的画面。当然画面的绘制并不要求有多复杂和严格，画面内容只要求展现故事情节，表现角色造型与特性，提示镜头运动调度，体现空间关系等。画面分镜头也包括景别、时间、对白等文字性描述。通过画面和文字共同表现出未来影片的视听效果。

（1）画面分镜头是导演对影片的整体构思和蓝图设计。

（2）画面分镜头是创作与制作群体统一认识和落实工作的基本依据。

（3）画面分镜头是生产计划与制作效果顺利实施的重要保证。

分镜头脚本是最实用的创作脚本，它是在文学脚本的基础上运用蒙太奇思维和蒙太奇技巧进行再创作的脚本，即根据拍摄提纲或文学脚本，参照拍摄现场的实际情况，分隔场次或段落，并运用形象的对比、呼应、积累、暗示、并列、冲突等手段，来建构屏幕上的总体形象。分镜头脚本设计是从文字到影像的预演，是影视思维的具体呈现，是影视导演最为重要的工作之一。

分镜头脚本是各工种之间协调合作的指导书。虽然分镜头脚本也是用文字书写的，但它是可以在脑海里“放映”出来的影像，可在某种程度上展现视听效果。分镜头脚本建构了未来屏幕上的总体形象，使抽象的文字表达变为具体的画面、声音、时长、场景等，是创作团队内部沟通、交流的文本。因此，分镜头脚本设计的第二个目标是成为一份拍摄“说明书”，剧组各工种看了这份“说明书”之后，对自己的职责会有更清晰明了的认识。

将文字脚本转化成一个个具体的可供拍摄的画面镜头，用精练、具体的语言描述出要表现的画面内容，必要时借助图形、符号表达，并按顺序列出镜头的镜号。确定每个镜头的拍摄方式，如固定镜头拍摄还是运动镜头拍摄，如果是运动镜头，则要标明摄影机的运动方式。确定每个镜头的拍摄景别，如远景、全景、中景、近景、特写等。确定每个镜头的时长。排列组成镜头组，并说明镜头组接的技巧。设计相应镜头组的人声，设计相应镜头组或段落的音乐与音响效果。

任务二　会议新闻拍摄

任务描述

学生以小组为单位，根据分镜头脚本撰写相关知识的学习和应用，开展会议新闻拍摄准备工作，选择合适的拍摄场景、拍摄器材以及拍摄道具，并填写会议新闻拍摄准备清单，最后完成会议新闻的拍摄。

会议新闻拍摄项目清单

项目名称：________________　地点：________________　日期：________________

镜头序号	名称	是否需要	备注
1	相机	是（否）	
2	三脚架	是（否）	
3	补光灯	是（否）	
4	遮光罩	是（否）	
5	“小蜜蜂”	是（否）	

相关资料

会议新闻的拍摄方法及技巧

1．会议新闻

（1）主席台全景、中景、左右 45°侧景（即小全、侧小全）、领导人特写（单、双等分切镜头），特别注意要抓到领导人发言时，表情和手势等营造气氛的镜头（正、侧面多角度）。小全画面的拍摄，要分主要领导讲话和不讲话时拍两组。每个有效画面不少于 8 秒钟。

（2）会场（带会议横幅的）全景、左右侧全景和中景。听众分切镜头、由主席台摇到听众席的镜头、听众席的全景（站在主席台上或适当的位置拍摄固定、摇等画面）。若会议内容较长，应增加听众画面的拍摄（多角度、多手法如推、拉、摇、移等）。

2．拍摄人物时对景别有以下要求

（1）领导人特写：画面中尽量排除并排坐的其他人，画面要饱满，主体突出，主要领导人要求有正面、左右侧面的特点。在拍摄主要领导人时，应避免在有损领导人形象的角度拍摄（背景上的树枝、窗格，前景桌面上的话筒、花束、茶杯，领导人面部缺憾等）。不需要单独镜头的领导，可以两个或三个等人分切和摇（交代与会各级领导要合理运用摇镜头）。

（2）听众一般不出单独镜头，有在认真记录的听众，可以出特写（从笔记本拉出的），特别要注意的是画面中不要出现打哈欠、揉眼睛、喝水等杂乱的动作。

（3）不管是拍摄领导或是听众都要求人物的画面要尽量干净、饱满、主体明显。

（4）根据会议的具体情况，要把握好摇镜头和起落幅的节奏，起落幅要左右对称，并且要有足够的长度。

3. 对会议画面元素要求

（1）主席台和整个会场的画面一定要饱满，尽量避免会场的照明顶灯、廊柱等杂物进入画面。

（2）整个画面的色温要统一（主席台、听众席若照明条件不同，应分别调白）。

（3）在会议拍摄主要画面时，动作应尽量快一些（在会议开始阶段），防止漏拍重要的画面，以及因参会人员出现懒散姿态，而影响拍摄。

（4）不管大、小会议，摄像记者必须准时抵达会议现场，熟悉拍摄现场环境，如光线、主席台领导的座次等。

（5）在会议开始之前，摄像师要盯守在签到处记录下参会领导以及参会人员。

（6）会议开始当主持人介绍每位参会领导时，应及时记录下领导示意打招呼的镜头。

知识拓展

时政新闻拍摄方法及注意事项

会议新闻拍摄的技术要求

一、画面稳定

画面稳定不仅是拍摄技术的基本要求，也是记者的一种良好职业素养。作为地方电视台，岗位往往不会分得太细，记者经常是单枪匹马出去采访，一个人要完成一条稿子的整个过程，包括拍摄、编辑、撰写等，在这个过程中很多记者更注重的是文字内容，对于画面往往不重视。这不仅有主观意识不强的原因，也有客观因素。一名记者出去采访，要记录、要拿话筒、要带三脚架，的确不方便。为此，我们平时就要练好基本功，要具备强烈的精品意识和熟练操作的技能。无论是什么新闻，我们都要尽量使用三脚架拍摄，特别是会议新闻，更应该做到稳中求稳，无论是推、拉、摇、移、跟、进、退都要平稳适度，不到万不得已，不要轻易使用肩扛式或手提式进行拍摄。

在客观条件不允许使用三脚架的情况下，也要尽量保持平稳或缓缓移动，使画面不稳带来的影响降低到最低程度。比如，在拍摄时可以膝盖用力，摇的时候转腰不转肩，或者倚靠在柱子旁拍摄等。否则，画面抖动或跳跃会使人不舒服，严重影响节目的严肃性和专业性。

稳定压倒一切，忌讳图像晃动。多拍固定镜头，少拍移动镜头。做到平、稳、准、匀的方法：一是拍摄时尽量屏住呼吸，控制好机器；二是尽量靠近被摄对象进行拍摄；三是选择好站位，摇移拍摄有讲究，切忌无目的地使用推、拉、摇、移镜头。

二、画面准确还原现场内容

“准”主要是指色彩还原要准确，画面曝光要准和画面表现内容要准。在电视摄像中，色彩能否正确还原与两个因素有关，即白平衡和色温。色温是光线颜色的一种标志，一天之中色温是不均匀变化的，在不同的色温条件下，必须要对白平衡进行调整，将白平衡调整与环境色温相匹配，只有这样才能保证色彩的正确还原，展示人物和景物的真实色彩。

曝光准确与否，直接关系到画面的质量。曝光准确性越高，画面层次越丰富，色彩还原越鲜艳，画面品质越佳。曝光过度，画面色彩饱和度下降、图像泛白，没有层次感；曝光不足，画面灰暗，尤其是暗部层次不能充分体现。因此，摄像记者要尽可能地评估环境中的光线，调整好摄像机的光圈，使画面效果接近现场的实际。此外，要根据不同新闻主题，运用不同镜头语言，准确表达新闻主题。

三、会议新闻拍摄的处理技巧

（一）围绕主题，合理构图

构图是指在一定的空间内，合理安排和处理人、物的关系和位置。因此，在拍摄前首先要了解会议主题和参会人员情况，仔细观察现场环境。其次，针对不同人物和场景采取不同构图方式，使画面内容更为准确和丰富。有重要领导出席会议，就要单独拍摄镜头，讲话的、不讲话的都要拍摄一组，而且画面构图时要饱满、表情要自然。主管领导可以两个一组或三个一组进行拍摄，参会人员要区分不同层次、不同行业、不同类别进行拍摄。第三，构图时要注意均衡和简洁。无论固定镜头还是运动镜头，都要注意画面均衡和简洁，特别是运动镜头，在起幅和落幅过程中呈现动态轨迹，这时就要注意过程的均衡和简洁，以期通过基本的平衡来达到视觉和心理的平衡。第四，构图时要注意避免明显瑕疵。参会人员是会议的焦点和亮点，不同的环境、服装、心情、动作、发型、甚至光线等都会使人物效果千差万别，为此我们要尽量避免明显瑕疵或减少瑕疵。

（二）明确目标，合理“想象”。

虽然被摄对象是客观的，但是作为摄像人员，总是带着各种不同的个性进行拍摄。因此，我们要积极寻找恰当的机会和角度，选择合适的素材，以确保画面和文稿相符合，从而使镜头更加优化，画面语言更加丰富。在运用想象力时，应该注意空间感、立体感和质感，合理运用光线、线条等，从而确保文稿的科学性和画面的艺术性得到体现。这就要求拍摄人员要有一定的专业知识、善于观察生活、具有较强的思考能力。

（三）培养运用“无剪辑拍摄”意识

“无剪辑拍摄”是电视新闻拍摄中非常重要的方法之一，作为一名记者，要有全局把控节目的能力，也要有具体拍摄的思路。要知道哪些是主题画面，哪些是补充说明性画面。在进行拍摄之前，应该对拍摄的主题要做到心中有数，以便于拍摄画面的选择，也将为后期编辑制作提供精准素材，提供有力保障。在进行拍摄时，对于不同的景别，必须注意景别连接的变化。当拍摄角度不同时，应在这些画面中间加上过渡性的画面，以确保连接的自然性；在进行越轴的拍摄过程中，必须拍摄中性镜头，以确保画面的自然过渡。

四、拍摄现场有效画面

新闻事件不断变化，现场情况也是瞬息万变。虽然会议新闻现场相对稳定，但是新闻现场影响因素仍然不少。在受主客观条件限制时，我们就要主动而为，积极寻求解决办法、稳妥灵活处理。

会议新闻中与会人员的拍摄是重中之重，在拍摄与会人员及时正确处理好被摄主体和被摄环境。在拍摄人物主体时，特别要注意积极寻找拍摄时机和角度，避开被摄主体的小动作和不雅姿势。当领导讲话时，尽量等待领导抬头脱稿讲话时进行拍摄。如果遇到个别人员玩手机、喝水、抽烟、交头接耳、打哈欠等情况，要灵活掌握拍摄角度，避免类似画面在新闻中出现。同时，在拍摄会场取景要注意柱子、天花板、色温等带来的影响。

在拍摄被摄环境时要处理好被摄主体的前景和背景。前景往往特别要注意桌面上的水杯、纸巾盒、话筒等，要适当进行避免，实在无法避免就要尽量移开或择时处理，以免影响画面美观和严肃性；背景主要是线条和色块，避免线条直接分割人物肖像或影响画面均衡，让人产生不悦。比如，主席台背景的门窗线条或着色图案等；人物着装不整时，也要示意其进行调整。

总之，拍摄处处皆学问，我们只有不断学习、不断实践、不断思考，扎扎实实工作，认认真真做事，找出一些事物的内在规律加以总结、提炼和完善，才能拍摄出更有价值、更为专业、更受观众喜爱的新闻作品。

五、注意核心任务的画面拍摄

领导人特写：画面中尽量排除并排坐的其他人，画面要饱满，主体突出，要求领导人有正面、左右侧面的特点。在拍摄主要领导人时，应避免在有损领导人形象的角度拍摄（背景上的树枝、窗格，前景桌面上的话筒、花束、茶杯，领导人面部缺憾等）。不要单独镜头的领导，可以两个或三个等人分切和摇（交代与会各级领导要合理运用摇镜头）。

白平衡：在不同的环境光线状况下，物体的色彩会产生变化。摄像机感光器件（CCD）对白色容易产生误判，导致拍摄的画面偏色。比如白色物体在室内暖光源下会偏黄，在蔚蓝色天空下会偏蓝。白平衡调整就是使在各种光线条件下拍摄的图像色彩和人眼看到的景物色彩基本一致。

六、镜头平衡

会议新闻中，需要拍摄大量的定镜头，记者需站在拍摄对象的正前方，保证拍摄过程的平稳性。需要注意的是，定镜头的拍摄时间不可过长、过短，如果过长则显得会议比较枯燥，过短则会使得镜头过于零碎、不好剪辑处理。一般会议新闻中，不宜使用过多的变焦镜头，除非是一些需突出对象的特殊情况，如“两会”期间，为突出人大与政协的会徽，从大景推往会徽中，以突出整体环境的庄重效果。另外，变焦镜头的使用需首先固定约 5 秒钟，然后再将其缓慢推进或拉伸，待突出事物出现后，再进行边角拍摄，这种拍摄方法能够使画面更加平稳。

任务三　会议新闻同期声采集

任务描述

学生以小组为单位，根据前期会议新闻的分镜头脚本设计和拍摄素材，了解会议新闻同期声的采集方式，进行同期声设计与制作。

会议新闻同期声采集方式

分类	镜头画面	景别	时长	解说词
录取现场随机声				
记者采访				
记者出镜				

相关资料

电视新闻同期声是在拍摄电视新闻镜头时同步记录下来的声响，它的应用增加了报道的信息量，增强了报道的真实性、现场感、感染力、权威性，在描述、评论新闻事实的过程中，让电视新闻更加鲜活，更具可看性。

声画合一是电视艺术的重要特征，电视以其形象逼真的画面，生动统一的人声、动作声、环境声以及音乐的烘托，最大限度地还原了现实世界的本来面目，最大程度地满足了人们的视听感觉，给人以身临其境的真实感。在这种真实感的还原和再现过程中，同期声起着举足轻重的作用。

所谓同期声，是客观存在的真实音，是电视新闻记者在新闻采访现场摄录电视画面的同时通过电子设备记录下来，用在新闻报道中表现新闻现场主体的各种声响。同期声包括同步采录的人物讲话，记者和被采访者的对话以及环境背景声、现场声响效果等。同期声经过细致的后期处理，能够最大限度缩短屏幕与观众的心理距离，增强节目的表现力和感染力。下面将在同期声的采集、运用和价值三方面进行一些理论上的交流。

知识拓展

同期声采集

在进行新闻拍摄时，一定要保留同期声，没有同期声的新闻不完整。保留现场的同期声，可以让观众认同现场的真实性，并产生对新闻的参与感。来源于现实生活的真实声音，交代了现场的背景，让观众了解现场的环境，引起了观众的共鸣。

第 22 届中国新闻奖电视消息一等奖《张春贤“逛”夜市》，记者跟拍了逛夜市的整个过程，在晚上 10 点的夜市中，没有其他的辅助拍摄设备，光线条件不理想的环境下，新闻中多方同期声的加入，为新闻增强了真实性，带来了亲和力，彰显了新闻价值和深远意义。

《张春贤“逛”夜市》文字稿

7 月 4 日晚上近 10 点，乌鲁木齐大湾夜市，正在这里消夏、纳凉的各族市民惊奇地发现，自治区党委书记张春贤来到这里，人群中立刻引起了喧腾。

夜市是乌鲁木齐市民入夜后最喜欢去的地方。今天，这里与往常一样，灯火通明，各色小吃一应俱全，孩子们欢快地跑来跑去，一片热闹景象。

"来来来，朋友，香喷喷的烤肉哎……"热情的吆喝声此起彼伏。张春贤走到一个烤肉摊位前，火红的烤炉上，烤肉、烤翅、烤肚子、烤鱼香气四溢，黄的面肺子、白的米肠子……吸引了不少食客。

阿合买提没想到来逛夜市、来到自己摊位前的会是张书记，他又惊又喜，不知说什么好，只一个劲地邀请书记品尝烤肉。

"一串烤肉多少钱？每天能卖多少？摊位费高不高？"张春贤笑着询问。

阿合买提告诉张春贤，自从 2007 年有了这个夜市后，自己就从达坂城区来到这里做生意了，现在每晚能卖出 1000 多串，能赚 400 多元。

"今年是生意最好的一年，到了旺季忙都忙不过来。您看，整个夜市有 100 多个摊位、300 多张桌子，每晚上维吾尔族、汉族、哈萨克族、回族的客人都有，能接待两轮呢。"阿合买提指着旁边的摊位高兴地说。

"对，只要努力，日子就一定能过好。"张春贤说。

来到另一个烤肉摊前，摊主吐尔逊·买买提一下子就认出了张春贤。

"我有一个兄弟也是卖烤肉的。"张春贤握住吐尔逊·买买提的手笑着说。正在吃饭的阿地里江走到张春贤身边说："我们都知道呢！您是阿里木的大哥，我们也就是您的兄弟了！我想和您照个相！"

咔咔咔……围拢过来的市民们争相用手机、相机与书记合影。

"张伯伯，这个送给您！"在附近蛋糕店工作的 20 岁的姑娘杨梅用力挤到张春贤身边，把红色和粉色两个气球塞到书记手中。"我跟着您走了一路，太激动了，这是我刚在夜市游戏摊上得的奖，请您一定收下！"

随后，张春贤来到位于乌鲁木齐七一酱园的七一星光夜市。一进市场，眼尖的市民立即就认出了张春贤，高兴地鼓起了掌。

七一星光夜市已开办 5 年，是乌鲁木齐较大的一个夜市，130 多家摊位、800 多张桌子在广场上铺开，吸引了众多市民前来休闲，许多外地游客也慕名前来，夜市每天营业到凌晨 1 点半，生意十分兴隆。

"张书记，尝尝我做的馄饨吧。"庄记铁板烧的女老板黄文宣端上一碗馄饨。

"很好吃，我给你做个免费广告！"张春贤说。

黄文宣兴奋地举起自己的菜单，和张书记合影，引来一片掌声笑声。

"张书记，吃得惯羊肉吗？"正在聚餐的七八位年轻人问。

"我现在是新疆人，新疆饭很好吃。"

"欢迎您和我们一起吃。"大家发出热情的邀请。

坐在他们中间，张春贤与大家唠起家常。原来，今天是新疆网友"做东"的网友聚会，几位年轻人来自全国各地，有四川的、广东的。

"以前来过新疆吗？对新疆印象怎样？"张春贤一一询问。

大家七嘴八舌地谈起“新疆印象”：“风景好、饭菜好、人更好，啥都好。”

张春贤点头说：“新疆确实是个好地方，是各族人民共同生活的大家庭。我们一起热爱家园，热爱生活，把祖国建设好，把新疆建设好，让生活更加幸福！”

“我请大家吃羊肉串！”张春贤把手中的羊肉串递给身旁的市民。在一片欢声笑语中，张春贤与大家一起端起手中的啤酒，共同举杯祝愿：“给力新疆！新疆亚克西！”

（张书记的同期声：“一串烤肉多少钱？每天能卖多少？摊位费高不高？我请大家吃羊肉串！”新疆市民的同期声：“我们都知道呢！您是阿里木的大哥，我们也就是您的兄弟了！”本地摊主的同期声：“张书记，尝尝我做的馄饨吧。”全国网友的同期声：“风景好、饭菜好、人更好，啥都好。”多方同期声还原了真实的现场，传递了现场的热情和温暖，又反映了各族群众亲密无间，带来强烈的震撼力和感染力。）

采集同期声时应注意以下几点。

一、拍摄前把摄像机的录音系统调整到最佳工作状态

机器的工作状态直接影响录音的效果，一体化录像单元的调音台有+4dB、-20dB、-60dB等不同的音频灵敏度选择，同时还有摄像机、麦克、线路三种音频输入选择，根据音频输入的不同通道和特性把上述开关拨到相应位置，音频方能正常显示。拍摄前，应检查话筒、采访线接头、音频显示屏是否处于良好状态，把录像机灵敏度开关、话筒灵敏度开关拨到相应位置。无论是指向性话筒、普通话筒还是无线话筒，都应戴好防风罩，尽可能用手动录音。如果用自动录音方式采访人物，会发现外界环境的噪声（如蝉叫声、车鸣声等）会在被采访人说话的瞬间突然压低，又在谈话停止时陡然升高，这给后期制作带来很大麻烦。重要的同期声录制必须使用耳机监听，并根据外界音量的变化随时调节录音音量。

二、掌握话筒的使用技巧

首先，要根据声源的频率响应带宽、创作要求，选择合适的话筒。录制乐器声音时，应选用频带宽的带式话筒或电容式话筒；录制人的谈话声时，佩戴式或台式的动圈式话筒就可以了；录制大型集会、体育比赛，则应选用耐用、灵敏度高、指向性强的动圈式话筒。

其次，将话筒放在合适的位置。声音，尤其是高频声，通过空气时，其响度（振幅）锐减，这种能量损耗与声音穿越空气的距离的平方成反比，所以，安放话筒时，一是确定距离，二是确定方向，确保声源传出的声音都在话筒的拾音范围内，降低声音的损耗。

拍摄一个完整片段时，尽量使用同一只话筒。不同类型话筒的音质、音色相距甚远；同类型的话筒之间，音质、音色也有一定差别。制作一个节目时，为保持声音的统一性和完整性，应选用同一只话筒，使采访段落的音质、音色保持一致。特别是在后期编辑时，根据节目谋篇布局的要求，常把同一时间声音的提前长段落分拆成若干小段落，穿插在片子的不同部分，或把不同地点不同场景的声音组接在一起，若全片选用的话筒不同，就会使相邻段落的音质音色差距太大，影响全片的协调和完整。

三、室内录音时，应避免反射的声音进入话筒

声音是沿直线传播的，在传播过程中遇到障碍物就会被反射，如果声源发出的声音与

反射声同时进入话筒，录制的声音就含混不清。

四、要处理好同期声与主播声之间的关系

同期声是电视新闻中声音的重要组成部分，是构成新闻稿的重要段落，它和主播播音融为一体，相互配合，互为补充，共同完成信息传达任务。总体来说，二者都处于主体地位。但要处理好同期声与主播声之间音量的比例关系，要注意在同一时间里，只能有一种声音为主。这就是要求我们在操作中，一般一个人一次的讲话同期声，最多不让其超过20秒钟，达到构成一个声音段落即可。

五、要处理好同期声与同期声之间彼此衔接顺畅的关系

同期声与同期声之间，意思要递进，或者观点相悖、各执一词，让观众加深理解或剖析是非。不能搞同期声堆砌，弄巧成拙。相互间的间隔停顿也要适宜。在电视新闻中，同期声必须和播音语言相辅相成，相互配合，才能形成新闻语言独特鲜明的架构和韵律。

六、要处理好同期声与新闻时间的关系。

电视媒体的同期声速率大体是每分钟 150～200 个字，而播音员的速率是每分钟 230至240字。在新闻后期编辑中避免拖沓冗长的同期声，删除记者的提问过程，设法在文稿中造势、设问，把有限的时间让给真正与表现主题有关的人。遇到同一个人在一次同期声讲话，因时间短而不能表情达意，就设法让他讲两次甚至三次，每次都要言简意赅，言之有物。这样，即节省总体时间，观众又不会觉得他一个人同期声讲话太长。

七、要处理好同期声与画面、音乐、图文符号等元素之间的关系

电视的传播符号有画面、音乐、声音、文字、图表等多种构成元素，每一个元素都要为表现节目主题服务。同期声不是孤立的，而是构成新闻整体的一部分。因此，记者在采访前和采访过程中，就要酝酿哪些地方该用同期声、哪些地方不用同期声，尽可能把主持人带到一线采访，遇有好新闻，就让其在现场出镜、出同期声。

“会议新闻拍摄”任务书

任务描述

观看中央电视总台或省级卫视的会议新闻案例，在班级内模拟会场，以小组为单位拍摄本班级会议新闻。

拍摄过程分析

在进行镜头拍摄时，为使新闻节奏明快，增加单位时间的信息含量和表现力，镜头要稳，少用推拉摇移，并不是不用固定镜头，而是要用得恰到好处，多用固定镜头。拍摄之前最好确定移动镜头是否有必要，有很多人把两个没有必要的画面用运动镜头联系起来，当没有明确的意图和感觉的时候，不要随便移动，随意的运动只会给看到你东西的人留下坏印象。

任务要求

（1）通过对比分析，以小组为单位提交会议新闻画面分镜头和蓝图设计。

（2）通过分析完成会议新闻，并了解所拍摄的镜头和剪辑的技巧方法。

（3）能在老师的指导下，独立完成一条会议新闻制作，掌握对会议新闻拍摄的分镜

头脚本撰写。

任务分组

任务名称				日期	
班级				授课教师	
组号		组长		学号	
组内成员					
组员	学号	任务分工		备注	

获取信息

引导问题 1：自主回顾总结新闻镜头的拍摄的相关知识。

____

____

引导问题 2：查阅相关资料，了解学习新闻镜头的拍摄的方法，分析其创新点，完成下表。

序号	主要创新点	创新点描述
1		
2		
3		
4		
5		

引导问题 3：通过对会议新闻拍摄，思考这对我们以后的学习、工作的启发，特别是作为一线的媒体人员应该具备的职业道德、职业素养、职业精神等。

引导问题 4：小组内讨论每个同学对所有引导问题给出的答案，综合每位同学的意见，确定小组的最佳答案。

组内成员	问题 1	问题 2	问题 3

评价反馈

引导问题 5：由组长在班级进行陈述，由各位同学和老师进行打分评价反馈，并由老师点评。

组号		评价内容				
评价人		问题 1（25 分）	问题 2（25 分）	问题 3（25 分）	问题 4（25 分）	总分
小组评分						
教师评分						
教师评价意见						

实训四　会议新闻制作

课程目标

通过本次实训内容的学习，能够熟练运用 Premiere、剪映等剪辑软件进行会议新闻的剪辑，并且能够做到在剪辑的同时注意同期声、解说词和声画对位等要素，完成会议新闻制作整体目标。

思政目标

1. 引导学生在制作会议新闻时加强政治理论学习，以习近平新时代中国特色社会主义思想为指导，贯彻落实党的宣传方针，践行马克思主义新闻观。

2. 引导学生掌握会议新闻的剪辑、时长把控、报道对象等要素，将其应用到实际学习、工作和生活中，提高科学文化素质和思想道德素质，举旗帜、兴文化、展形象、育新人。

3. 引导学生学习贯彻党的宣传工作方针，落实党中央精神，把控新闻报道的字数、篇幅、时长等。

任务一　会议新闻剪辑

任务描述

学生以小组为单位，进行会议新闻的实际拍摄，在完成会议新闻拍摄工作之后，选择合适的剪辑软件，填写会议新闻制作分析表格，进行会议新闻制作。学生可以使用 Premiere、DaVinci 等计算机端专业软件，也可以使用快影、剪映等手机终端平台软件进行制作。

会议新闻剪辑分析表

项目	具体内容
镜头运用	
字幕制作要点	
转场设计	
运镜技巧	
制作软件使用心得	
遇到问题及解决方法	

相关资料

会议新闻的剪辑技巧

一、镜头选择

电视新闻真实性的特征要求新闻画面让事件的发展过程动态性地展示出来，让被采访的对象及事物保持原状。电视新闻所拍摄的画面体现真实性，具有极强的说服力，其反映了新闻事件的本质及特性，更容易引发观众思考。在剪辑之前，需要对相关画面进行分类整理，做好新闻画面的选取工作。

在进行新闻画面的编辑工作之前，需要确保画面编辑的科学性、规范性，提升画面中人物、事件的连贯性，使其符合观众的观看习惯及逻辑思维。

（一）拍摄素材的归类，即整理素材

素材整理能使整个剪辑工作效率增倍，也是一个剪辑师好养成一个好的工作习惯的基础。如何整理素材呢？即把前期拍摄的所有素材分类文件夹整理，如建不同的文件夹：机位 1、机位 2、演播室 1、演播室 2、音频文件夹等。

新闻闻画面的选择标准包括以下几个方面：

（1）真实：新闻画面必须是真实事件。

（2）画面包含的景象必须新鲜，色彩鲜明，清晰。

（3）画面可以将新闻事件的现场气氛表现出活力，富有感染力。

（4）新闻画面必须对新闻内容的侧重点有所表现。

（5）文字说明要规范，描述画面的事实，包括日期、人物、事件等要素必须精确严谨，然后说明新闻事件的背景，最大限度地保证新闻的真实性和客观性。

（6）画面长度的关系。在电视新闻中，画面的时间长度会有所要求，一般而言，一固定画面影像的大小为例，近镜所需时间较短（2～3 秒），全景时间较长（5 秒）。显然，近镜角度信息量少，观看者能够较快地明确画面中的意思，而长镜包涵信息量多，各个方面的信息都会传达给观众，因而需要更多的时间来让观看者理解。

电视画面报道通过若干个镜头按一定顺序连接起来，让观众从连贯流畅的画面中（加上听觉形象的补充），能清楚了解事情发生发展的过程，又能感受人物的命运，接受记者、编辑所要表达的情理。这种“一定顺序”是否有规律可循？我们如何去证实一个镜头转换成另一个镜头的合理性？换言之，即使我们运用蒙太奇方法组接电视镜头，但在具体的组接技巧上，也应该遵循一定的规律，即所谓镜头组接的原则，这主要体现在以下几个方面。

（1）镜头组接：新闻片追求的不是炫，而是真实，所以新闻片不需要过多的特效，淡入淡出，渐黑足以。

（2）在拍摄的时候选择多角度，多方位，多景别进行拍摄，这样有利于后期剪辑。

（3）剪辑过程中镜头一般以成组的方式运用，如全景→中近景→特写，关系递进，冲击力逐渐加强；特写→中近景→全景，这样的组合方式，关系更明了，视野逐步开阔。

（二）粗剪，对镜头简单排列

剪辑点可分为两个大类：画面剪辑点和声音剪辑点。画面剪辑点包括动作剪辑点、情绪剪辑点、节奏剪辑点。电视新闻的画面组织要连贯流畅，它关系到新闻结构的连贯性、信息传递的逻辑性和视觉上的可信性，不合理组接会破坏表现力甚至破坏真实性。

新闻最重要的就是真实性，而通常采访新闻的时候，内容很多，时间很长，但是播出时间有限，所以在后期剪辑的时候应该运用缩略法：就是用解说词+画面（重要讲话可用同期声）。

配音部分，根据新闻稿找剪辑配音解说词，然后根据配音找寻所需要的画面镜头，所需演播室串联内容，外景采访内容，直至整个框架的形成。

这里必须要说的是，对于外景采访和演播室主持人等需要用同期声的多机位视频，剪辑工作开始前必要要做的就是对机位，使其声画同步之后才可以进行多轨道剪辑。

视频第一个镜头往往用全景来交代环境，或者具有某种意义的特写镜头逐步深入。依次交代清楚新闻事件中的 5W（何时、何地、何人、何事、何因）。根据这段镜头的之前、之后的镜头来定。如果没有之前、之后的镜头，那就按照“观众最想知道什么”来定第一个镜头。通常观众最想知道“这是哪儿”，所以第一个镜头通常是带有环境的全景。然后观众想知道“他在干嘛”，所以第二个镜头通常是能清楚地交代“他在干什么”的画面。

然后观众想知道“他现在是什么状态”，所以接下来可以是人脸表情。然后观众想知道“他正在面对什么”，所以接下来可以是反方向的画面。

知识拓展

会议新闻剪辑

主席台领导镜头的剪辑要突出主要领导。主席台前排主要领导可根据座次采用单个特写镜头进行连接，其他领导可根据座次选用固定双人、三人图像左、右对称或向右、向左摇镜头连接。这样的编辑方式对于介绍出席会议的领导显得十分实用。一条片子可根据时间的长度来确定编辑主席台领导镜头的次数。一般三四分钟片长的新闻出两次，五六分钟片长的新闻出三次。每次编辑领导镜头时，都要尽量选用不同神态和姿势拍摄得好的镜头，一是避免镜头的重复使用、二是树立了领导的形象。

主要领导讲话的镜头时，首先应选用拍摄神态好的、正面的领导讲话特写镜头，并保持一定的长度。这里也可以用拉镜头，即在主要领导讲话的固定镜头达到一定长度时逐渐拉开，同时介绍其他主要领导。领导讲话的镜头的剪辑，根据新闻稿的内容和长度来确定，可以选用固定、推、拉等方式的侧面或正面的镜头。

群众镜头的剪辑群众镜头的剪辑要以几个镜头为一组成组出现，最好选用群众的全景或中景镜头，然后可以选取用固定、拉、摇、移手法拍摄的镜头进行连接，最好左右对称，即同一侧的镜头不要连续使用。为了避免镜头的单调，编辑当中可以运用一些与气氛相适应的反映特点的镜头，比如，会场的标语、正在记录的笔记本、与会议有关的材料、与会人员胸前佩戴的代表证等固定物以及拉出来的镜头。

任务二　会议新闻解说词插入

任务描述

学生以小组为单位，根据剪辑制作完成的会议新闻成片，学习声画组合形式，探索解说词添加方式，使其对应画面内容，同时要结合播音发声学，掌握解说词转化成语音的语速、时长等要素，完成解说词添加，进一步串联画面，整合信息，将会议新闻制作成型。

会议新闻解说词添加

序号	对应画面内容	解说词

相关资料

会议新闻解说词写作特点

一、客观真实

新闻性可以说是新闻的生命，同时也是衡量新闻相关价值的重要标准，电视新闻解说词是新闻的一种重要形式。基于此，这一领域的写作一定要保证真实与准确，准确主要指的是新闻时间、地点、过程以及人物等方面，不仅如此，还要保证其引用的数据、资料等等也要准确。另外，电视新闻记者在开展有关电视新闻解说词的创作过程中，也要保证细节与整体、原因与结果等方面的准确，要保证新闻素材组合与事实本身逻辑相符合，一定要避免出现本末倒置的现象。

二、通俗易懂

会议新闻的受众数量十分大，它们大多数是由不同国家、民族以及社会地位的成员所构成的，因此具有一定的多样性与广泛性，要让受众明了会议新闻的主要内容，首先需要对受众的实际收视需求进行充分了解，以此来保证新闻解说词的通俗易懂。会议新闻与报纸杂志存在明显的不同，它是一种有声语言，具有一定的瞬间性特征，因此需要在最短的时间内让受众明了新闻的主要主体与内涵，因此一定要保证它的通俗易懂，要注意既不可以使用相对学术性的语句，也不可以使用大家都不熟悉的专业术语，这也对记者提出了极高的要求，要求记者一定要具备相对扎实的文字功底，可以对新闻性语言进行熟练使用。

三、生动形象

对于新闻记者来说，一定要深入人民群众中去，积极地向人民群众学习。之所以要这样做，主要是因为群众的语言具有生动、新鲜的特征，并且具有十分明显的时代感与艺术性魅力；其次，电视新闻记者还要注意使用正确的修辞手法，一定要避免格式化以及程式化的语言。一些成果报道以及经济报道中，总会带有许多的数据，而这些是可以画面形象展示出来的，因此一定要充分利用解说词来将其展示出来。

综上所述，会议新闻解说词具有串联画面以及整合信息的重要作用，以此来不断实现对画面感不足的弥补，突出新闻重点与核心。因此，一定要将会议新闻解说词的作用充分发挥出来，对于记者来说，还要注重对写作特点的研究，以此推动我国电视新闻解说词水平的不断提升，从另一方面来说，对于提升我国会议新闻的发展其有重要作用。

“会议新闻制作”任务书

任务描述

观看会议新闻，学生以小组为单位，进行会议新闻的实际拍摄，在完成会议新闻拍摄工作之后，选择合适的剪辑软件。可以使用 Premiere、DaVinci 等专业编辑软件进行制作，也可以使用快影、剪映等手机终端平台软件。

剪辑过程分析

景别的剪辑要循序渐进。采用前进行句型，从全景到近景到特写的过渡，即由远及近，也可采取后退式句型，即特写到近景到中景到全景的顺序组接镜头，由近及远，由细节部分扩展到整个事物的全部。巧用拍摄素材里的环境现场音，给受众一种事件、环境的代入感，形成一个良好的剪辑思路。

任务要求

（1）通过对会议新闻剪辑，以小组为单位提交会议新闻视频。

（2）通过分析会议新闻，知晓所剪辑的技巧方法。

（3）能在老师的指导下，独立完成一条会议新闻的剪辑制作。

（4）熟练掌握剪辑视频的软件。

任务分组

任务名称				日期	
班级				授课教师	
组号		组长		学号	
组内成员					
组员	学号	任务分工			备注

获取信息

引导问题 1：自主回顾总结会议新闻剪辑制作相关知识。

____

____

引导问题 2：查阅相关资料，了解会议新闻剪辑制作方法，分析其创新点，完成下表。

序号	主要创新点	创新点描述
1		
2		
3		
4		
5		

引导问题 3：通过了解新闻会议新闻的剪辑，体会镜头组接的规律。

____

____

引导问题 4：小组内讨论每个同学对所有引导问题给出的答案，综合每位同学的意见，确定小组的最佳答案。

组内成员	问题 1	问题 2	问题 3

评价反馈

引导问题 5：由小组长在班上进行陈述，由各位同学和老师进行打分评价反馈，并由老师点评。

组号		评价内容				
评价人		问题 1（25 分）	问题 2（25 分）	问题 3（25 分）	问题 4（25 分）	总分
小组评分						
教师评分						
教师评价意见						

项目评价

学生自评表

序号	素质点自评	佐证	评价	
			达标	未达标
1	政治意识	在制作会议新闻时能够自觉将政治意识放在首位，践行社会主义核心价值观		

续表

序号	素质点自评	佐证	评价	
			达标	未达标
2	创新意识	能够在会议新闻策划与设计阶段提出创新的选题与内容构思		
3	法律意识	能够掌握相应的网络广告法律法规以及平台管理规范，规避敏感词		
4	协作意识	能够和团队成员协商，充分发挥团队每一名成员的聪明才智，共同完成实训任务		
5	职业道德	严守职业道德，将事实和真相作为新闻的生命力		
6	严谨的工匠精神	能够在会议新闻运营推广阶段，对用户群体进行精确分析		
7	资源查找、整合能力	能够借助网络资源，查找相应的视频制作素材，应用到自己的会议新闻制作中去		
8	自我学习能力	能够运用网络资源，自我学习会议新闻推广的相关知识与技能		

学生互评表

序号	技能点自评	佐证	达标	不达标
1	电视会议新闻选题策划	能够依据选题的原则和技巧，策划出有深度、意义深远的选题		
2	会议新闻稿的撰写	能够熟练掌握新闻稿的撰写。标题有新意、特色、抓人眼球。内容能够集中叙述事件。结尾紧扣主题		
3	会议新闻镜头的拍摄	画面主体明确具有表现力。能根据主席台领导的位置，拍摄合适的景别，构图合理、画面清晰，体现新闻主题		
4	新闻镜头的剪辑	画面剪辑流畅，现场声、同期声运用得当，视频、音频无硬伤，无字幕错误		

技能评价表

序号	点评	佐证	达标	不达标
1	主席台	主席台的人拍摄齐全，中间领导的画面位置是否在画面中心，拍摄主席台时，可以使用摇或移镜头		
2	观众席	选择大景别拍摄，可以稍稍俯拍观众席，这样不会显得观众席人数较少，而且每个观众都很清晰地出现在画面中		

续表

序号	点评	佐证	达标	不达标
3	观众特写	确保镜头不会正对拍，正对拍会拍摄到后面观众；从侧边俯拍或者是从背后俯拍		
4	运动镜头	能够留出充分的起幅和落幅，并且镜头一定要稳		
5	同期声	会议新闻保留同期声，如鼓掌等声音		

教师评价表

序号	素质点自评	佐证	产出			评价	
			数量	质量	完成进度	达标	未达标
1	会议新闻分类	能够说出三种以上会议新闻分类方式及其内容					
2	会议新闻内容策划要素	能够说出并熟练掌握会议新闻内容策划七大要素					
3	会议新闻选题	能够具备会议新闻选题的及时性、重要性、显著性、趣味性、接近性					
4	会议新闻方案撰写	掌握策划方案撰写步骤，能够独立撰写会议新闻策策划方案					
5	会议新闻脚本撰写	掌握会议新闻的三种脚本类型，能够独立撰写会议新闻分镜头脚本					
6	会议新闻稿撰写	掌握会议新闻稿的写法，能够根据事件的真实性，将新闻稿迅速成文					
7	会议新闻拍摄	掌握会议新闻拍摄技巧，能够运用拍摄器材完成拍摄					
8	会议新闻剪辑	掌握剪辑软件应用方法，运用剪辑软件，将拍摄素材整合					
9	会议新闻制作	将整合后的素材用剪辑工具进行简单的会议新闻制作					
10	会议新闻推广与运营	掌握会议新闻发布平台，并对其进行推广					

企业评价表

序号	点评	佐证	达标	不达标
1	选题策划	选题有创新（即内容新、立意新、视角新）要以小见大，及时反映国家政策、社会动态和生活面貌		

续表

序号	点评	佐证	达标	不达标
2	稿件	新闻要素完整、主题鲜明、结构清晰、语言生动、社会效益好		
3	镜头	所拍摄的画面要求突出新闻性、角度独特、冲击力强，不能有晃动或虚镜头		
4	后期编辑	所编辑的新闻要求镜头稿件与镜头一致		
5	配音	配音中不允许出现错别字，语速适中，语调要符合稿件的语境		

课后提升

案例 1　2021 年 5 月 30 日石家庄新闻联播《石家庄市召开全市领导干部会议》

5 月 30 日上午，省委常委、市委书记张超超在全市领导干部会议上强调，要坚持以习近平新时代中国特色社会主义思想为指导，按照河北省推进省会建设发展工作会议部署，统一思想认识，激发内生动力，凝聚发展合力，以崭新的精神面貌、昂扬的奋斗姿态、过硬的工作作风，加快建设现代化、国际化美丽省会城市，当好全面建设经济强省、美丽河北的排头兵、领头雁。市委副书记、市长马宇骏传达河北省推进省会建设发展工作会议精神，安排部署我市贯彻落实有关工作；市委副书记詹晓阳主持会议，市人大常委会主任李雪荣，市政协主席张业出席。省第一督查组组长张胜利列席。

张超超指出，要提高政治站位，坚决扛起省会担当，全面准确把握省委、省政府对省会工作的新要求。围绕支持省会建设发展，省委、省政府作出一系列指示要求，特别是在河北省推进省会建设发展工作会议上，王东峰书记提出了“六个方面突出问题”和“五项重点工作”，内涵丰富、问题精准，目标明确、重点突出，为我们做好工作、推动发展提供了强大动力和源泉。我们要倍加珍惜省委、省政府的关心支持，把思想行动统一到全省会议特别是王东峰书记讲话精神上来，强化目标导向、问题导向和结果导向，健全责任落实机制，以坐不住的紧迫感、等不起的责任感、慢不得的危机感，推动各项工作在全省走在前列。

张超超强调，要贯彻加快构建现代化经济体系的新要求，全面提升综合经济实力和竞争力。一要构建优势明显、竞争力强的现代产业体系。坚持做优传统产业，在绿色化、智能化上发力，加快改造升级、提质增效，努力在市场竞争中占有一席之地；坚持做强主导产业，确保在同行业保持明显优势；坚持做大新兴产业，走产业化、规模化、效益化发展路子；大力发展现代都市型农业、高效农业，推动一二三产融合发展；加快现代服务业发展，引导生产性服务业向价值链高端延伸，提升对经济发展的贡献率。明确县（市、区）产业定位，打好县域经济发展翻身仗。二要全力做好招商引资和项目建设。坚持专业招商、精准招商、以商招商，引进一批大项目、好项目；牢固树立“项目为王”理念，形成“谋划一批、储备一批、开工一批、建设一批、达效一批”的梯次推进格局。三要深入实施创新驱动发展战略。树立“抢在人先、不赶在人后”的理念，加大科技创新投入，促进科技资源高效配置和综合利用；深化与高校、科研院所合作，攻克一批关键技术，争夺市场定价权和话语权。四要用好园区发展平台。完善综合配套，引导企业项目入园，形成完整产业链条，提升园区能级水平。五要优化营商环境。着力营造“亲商、重商、安商”的浓厚氛围，善待企业、尊重企业家，构建亲清政商关系，当好服务企业“店小二”。

张超超指出，要贯彻全面提升省会规划建设管理水平的新要求，打造以首都为核心的京津冀世界级城市群。要抓好城市规划设计，坚持世界眼光、国际标准，把城市作为一个整体的艺术品进行精雕细琢，统筹生产、生活、生态三大空间，增强城市的颜值、品位和内涵。要抓好城市更新行动，精心打造城市客厅和优美“天际线”，有序推进老旧管网改造、断头路打通，补齐公共服务短板；推进滹沱河旅游景观带、生态经济带建设，打造一批特色街区、美丽乡村。要抓好城市精细管理，加强建筑风貌设计、停车场管理等，增强综合治理能力。要抓好历史文化和红色文化传承，用足用好红色资源；做好正太饭店修缮、正定古城保护利用，保留城市记忆，实现社会效益、经济效益相统一。

张超超强调，要贯彻抓好生态环境整治的新要求，让绿色成为省会发展的最美底色。要在大气质量上下功夫，坚持科学治污、精准治污、铁腕治污，提高污染防治能力和水平。要在改善城乡人居环境上下功夫，推进生活垃圾、黑臭水体整治，巩固“厕所革命”成果，推动人居环境根本性改善。要在实现碳达峰、碳中和上下功夫，确保提前完成目标。要在山水林田湖草沙综合治理上下功夫，提升生态系统质量和稳定性。

张超超指出，要贯彻用心用情用力实施民生工程、办好民生实事的新要求，推动民生福祉实现更大进步。要认真开展“我为群众办实事”活动，解决群众“急难愁盼”问题。要突出抓好信访稳定，化解信访积案，解决好群众合理诉求。要强化基层治理，建设更高水平的法治石家庄、平安省会。要抓好安全生产，做好森林防火和防汛备汛等工作，确保不发生重大事故。

张超超强调，要贯彻坚持全面从严治党、加强干部队伍建设的新要求，为省会建设发展提供坚强保障。要加强政治建设，扎实开展党史学习教育，引导广大党员干部学党史、悟思想、办实事、开新局。要加强领导班子和干部队伍建设，树立鲜明用人导向，把想干事、敢干事、会干事、能干事、干成事的人用起来。要全面推进从严治党，落实党委主体责任，党委（党组）书记第一责任人责任，班子成员“一岗双责”，绷紧廉洁自律这根弦，营造良好的政治生态。

张超超要求，要全面动员、久久为功，凝聚起推动省会高质量发展的强大合力。要强化宣传动员，在全市上下开展“抓住重大机遇、激发内生动力”解放思想大讨论，打破惯性思维和路径依赖，创造性开展工作；引导党员干部群众投身到省会建设发展大潮中来，形成比学赶超、争先进位浓厚氛围。要锤炼过硬作风，克服按部就班、四平八稳的观念，确保在贯彻省、市会议精神上责任落实到位、工作措施到位、人员力量到位、时限节点到位，齐心协力推动省会建设发展。要严格督导考核，发挥考核“指挥棒”的作用，为省会建设发展提供有力保障。

马宇骏指出，要认真贯彻河北省推进省会建设发展工作会议和全市领导干部会议精神，顺势而为，全面提升城市规划建设管理水平；乘势而上，加快构筑高质量发展的产业支撑；审势而行，持续用力抓好环境污染治理修复；蓄势而起，激发省会高质量发展的动力活力；向势而谋，用心用情用力增进人民群众福祉，加快建设现代化、国际化美丽省会城市，以优异成绩庆祝建党 100 周年。

会上，市发改委、自然资源和规划局、住建局和裕华区负责同志作了发言。

会议以视频会议形式召开，市委设主会场，各县（市、区）设分会场。市委常委，市人大常委会、市政府、市政协领导班子成员，市法检“两长”，市直有关单位负责人在主会场参会。

思考题：

1．简析以上会议传递出的会议精神。

2．根据所学知识，结合课中实训中的案例分析，列出会议新闻拍摄的分镜头脚本。

案例 2 2021 年 6 月 7 日山东新闻联播《党史学习教育中央第四指导组近日来鲁开展指导工作》

根据党中央统一部署，党史学习教育中央第四指导组近日来鲁开展指导工作。省委书记刘家义与中央指导组组长于跃敏进行了座谈交流。6 月 7 日上午，指导组见面会在济南召开，于跃敏传达了中央有关精神，介绍了指导组的主要任务和具体工作安排，省委副书记杨东奇汇报了我省党史学习教育开展情况。

刘家义指出，中央指导组来鲁开展指导，充分体现了以习近平同志为核心的党中央对党史学习教育和山东工作的高度重视，是对我省开展党史学习教育成效的全面检验，必将有力促进我省党史学习教育走深走实。我们将深入贯彻落实习近平总书记重要指示要求和党中央决策部署，落实中央指导组工作要求，统筹学史明理、学史增信、学史崇德、学史力行，切实解决群众“急难愁盼”问题，确保党史学习教育与经济社会发展两促进两不误，推动党史学习教育不断取得新进展、新成效。

于跃敏指出，在全党开展党史学习教育，是以习近平同志为核心的党中央统揽全局、着眼长远作出的重大决策，是我们党牢记初心使命、增强历史自觉、奋发开拓未来的战略举措。根据中央党史学习教育领导小组要求，第四指导组这次来山东工作，主要任务是传达贯彻中央精神、了解掌握进展情况、推动落实重点任务、督促解决突出问题、总结推广典型经验、及时提出工作建议等。指导组将深入学习领会习近平总书记关于党史学习的重要论述，立足职责定位，紧紧依靠地方党委（党组）开展工作，深入实际了解实情，严格遵守各项纪律，向山东这片红色热土、革命老区的党员干部和人民群众学习，共同完成好党史学习教育任务。

杨东奇在汇报时说，党史学习教育开展以来，我们深入学习贯彻习近平总书记关于党史学习教育的重要讲话和重要指示精神，教育引导全省各级党组织和广大党员干部学史明理、学史增信、学史崇德、学史力行，统筹推进学党史、悟思想、办实事、开新局。工作中，我们注重深学深悟，坚持用习近平总书记重要讲话和重要指示精神统一思想认识；注重对照检视，真正受教育、受触动、有改进、有提升；注重有力有效，着力解决群众“急难愁盼”问题；注重互促共进，努力开创各项工作新局面；注重加强领导，确保党史学习教育取得实效。

今天上午还召开了中央第四指导组在鲁调研座谈会。会上，汇报了我省党史学习教育巡回指导组工作情况，部分省直部门（单位）、省属高校、市县、省委巡回指导组负责同志作了交流发言。

在鲁期间，指导组先后来到济南战役纪念馆、济南市章丘区双山街道三涧溪村、市中区杆石桥街道乐山小区调研。

省领导王可、刘强、王心富，省直有关部门主要负责同志参加相关活动。

思考题：

1．请分析以上会议新闻的镜头语言。

2．请你结合党史学习教育，谈一谈该会议新闻的新闻价值。

3．结合自身实际，谈一谈你的党史学习情况。

项目三　长消息电视新闻制作

教学目标

知识目标

1. 了解电视新闻采访方法
2. 掌握现场采访提问要领
3. 掌握电视新闻写作方法
4. 了解描写式导语的写作方法
5. 了解电视新闻解说词的特征
6. 掌握声音剪辑的方法
7. 了解同期声剪辑的注意事项
8. 掌握消息类电视新闻节目制作的方法
9. 了解新闻背景资料的运用

能力目标

1. 能够现场采访提问
2. 能够完成新闻解说词的写作
3. 能够做到写解说词时突出细节
4. 能够进行同期声的剪辑
5. 能够作分析长消息电视消息的结构特点
6. 能够制作长消息电视新闻

素质目标

1. 具备写作和提问的能力
2. 把握正确的舆论导向，保持头脑理性
3. 具备组织协调能力
4. 具备对电视新闻节目高层次的审美能力

思政目标

1. 让学生具有社会责任感
2. 提高学生的思想政治素质和政治意识

3. 培养学生分析问题和解决问题的能力
4. 勤于思考，多角度、全方位分析问题，培养精益求精的工匠精神
5. 吃苦耐劳，勇于探索，敢于创新
6. 善于与人沟通和交流，具有团队协作意识，善于总结经验

思维导图

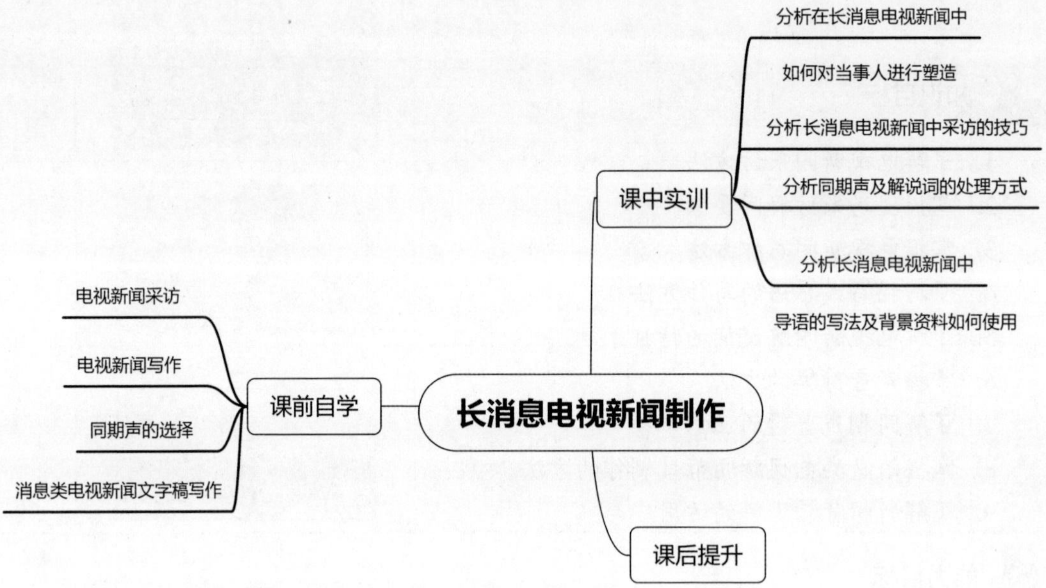

课前自学

一、电视新闻采访

电视新闻的采访手段较之报纸、广播新闻的采访要复杂得多。电视记者采访包括了文字记者、广播记者的所有属性，继续用笔和笔记本进行采访；也需要录音机收录声音，还需要自己的特殊工具——摄影（像）机来记录画面。电视记者借助现代化电子新闻采集设备，声画同步地“再现”新闻事件，“记录”记者的采访过程。

电视新闻是“听”与“看”的结合，作为电视记者，要一直具有形象思维，一直贯穿于选材、摄影、编辑、制作的全过程。在采访时，拍摄角度的选择、景别的使用、摄像机的运动都离不开形象思维，“为听而写、为看而写”必须贯穿记者采访的整个过程。

电视记者在采访过程中要运用形象思维方式来构思报道，强化屏幕意识。屏幕意识是电视记者所特有的对电视表现手法的认知、思维等各种心理过程的总和。电视新闻通过画面来还原现场、刻画细节，电视新闻的构成基础是镜头和文字。因此，在采访过程

中，一方面要尽力捕捉具有形象价值的画面，同时，要运用形象思维的能力，在头脑进行“现场编辑”，对电视新闻的画面、声音、文字等各类表现元素进行通盘考虑，以增强报道的力度。

镜头前的采访，是电视新闻采访的独特形式，也是与其他新闻媒介采访形式的最大区别之一。采访形式的特殊性，对电视记者在采访环境的选择、问题的设置及自身的采访形象等诸多方面都提出了更高的要求。

（一）电视采访：采访时机和采访场所

适当的采访时机和采访场所是保证采访成功的重要因素。采访时机选择不当，往往会因为采访对象感觉不太方便，或拒绝接受采访，或随便应付了事，使采访不能顺利进行，影响报道的质量。应该怎样选择采访时机呢？一般说来，选择采访对象认为方便的时机最好。所以，我们提倡，除突发性新闻事件的采访外，采访前应该和采访对象预约时间。

访问场所的选择对电视新闻采访尤为重要。由于电视现场采访是以特定背景作衬托的，所以电视采访不仅向观众传达着某种信息，还传达着某种印象，观众可以从采访地点、环境的展示中获得许多从属信息，加深某种印象，以加强对主体信息的理解，有助于阐明主题。

让采访对象置身于真实的现场环境中，往往会使他们因“境”而议事。因“境”而叙事，其言谈举止才更显真实，更富于感染力。因而，在采访前，应根据采访对象的不同特点，选择不同场合，这样不仅有利于采访氛围的形成，谈话也会更具体、更深入。

（二）电视采访方式

现场采访的效果如何，与提问的方式、方法密切相关。方式、方法得当，能为整个节目添彩增色。反之，现场采访就难以进行。因此，记者在进行现场采访时，要认真分析采访对象的心理和其他各种因素，因人而异，因时而异，因采访内容而异，灵活多变地运用各种提问方式，使现场采访真实、自然。常用的现场采访提问的方式有如下几种。

新闻采访准备

1. 单刀直入式

电视现场采访，不同于一般意义上的采访。只要你一拿起话筒进入镜头，事实上的新闻报道就已经开始。而这种特定的采访报道方式又有严格的时间限制，要求记者在有限的几分钟内挖掘出有价值的新闻事实。所以，时间不允许你在采访现场徐徐道来、婉转提问，而应抓住新闻报道的重点，单刀直入，以求得对方具体、明确的回答。

2. 迂回入题式

对于不太愿意合作或在镜头前情绪紧张的采访对象，不宜作单刀直入式的发问，而要通过旁敲侧击的方式，消除其戒备或紧张情绪，在对方不知不觉中把话题渐渐引入正题。

3. 追述提问式

在现场采访中，记者应对关键性的问题、情节抓住不放，进行追问，最大限度地挖掘出新闻报道所需了解的事实材料。

4. 激将反问式

对某些要采访对象本人回答，而采访对象又不愿意作答的问题，记者可采用心理刺激的方法，提出一些不符合真实情况的说法，或故意反问，刺激采访对象，激化采访对象情绪，迫使对方不得不予以解释、说明、反驳和答辩。

5. 聊天谈心式

记者在现场采访中，要善于采取聊天谈心的方式，以生动而亲切的语言，拨动对方的心弦，打开对方的感情闸门。这样获得的材料，最能反映事物的本来面目，也最富有真情实感。因为这是心与心的交流、心与心的碰撞。

采访过程自然朴素，这里没有华丽的词藻，没有豪言壮语，有的只是真心的交流，真情的流露。记者与采访对象如同家人般地在聊天，在谈心，并以这平常而自然的交谈打动观众，贴近观众，走入观众的心灵，这应该说是采访的最佳境界了。

总之，现场采访提问的方式因人而异，视具体情况而定。但有一点是相同的，即采访中没有愚蠢的采访对象，只有无知的采访者。换言之，你的提问活力越充沛、思想越丰富，对方地回答就越深刻、越详尽。因而，要提高现场提问水平，最根本的还在于电视记者要博览群书，广泛吸收，通过坚持不懈的学习，不断提高自身的素质和修养，也要学一点心理学，学一些自然科学知识，掌握一点播音技巧，逐渐使自己拥有丰富的知识，机敏的反应，得体的语言，做到在各种场合的现场采访中充满自信，游刃有余地完成任务。

二、电视新闻写作

（一）解说词写作

作为电视新闻的表现元素之一，解说词的作用不仅仅是补充背景、介绍知识和信息、整合画面、表现细节、调动想象和联想、抒情、深化画面，完成对画面的解说和补充，更重要的是服务新闻主题，对画面起着串联、提示、丰富的作用，使听觉信息与视觉信息有机结合。

解说词与电视画面配合，延伸和深化画面内涵，从而拓展视觉的深度和广度，以便观众能更好地理解画面，加强电视新闻的传播力度衔接与转场。它不能独立地完成对电视新闻事件的全面报道，也不能独立塑造电视艺术形象，它必须与电视的试听手段相结合，尤其是与画面配合起来，才能最终完成对新闻事件的全面报道和对形象的整体塑造。它以“为听而写，为看而写”为最终的诉求，最终为表现新闻主题服务。

1. 电视新闻解说词的特征

解说词与新闻画面紧密配合，互相拓展，互相补充，完善和丰富各自的内涵。不能脱离画面而独立存在。严格来说，电视新闻的解说词是不能离开画面而独立存在的，它缺乏独立性，难以圆满表情达意。所以，解说词的优劣，不能简单地从文章谋篇布局、遣词造句的好坏来评价，最重要的是与其他表现元素的配合协调。

（1）解释画面。为看而写，是电视解说词的基本特征之一。解说词与画面都是电视新闻的视觉元素，互相配合作用于人的视觉器官。要充分考虑到画面元素，与之互相配合。解说词直接解说画面，补充画面表现不了的内容，使画面更精确，从而为观众提供更多的信息。

例如，中央广播电视总台新闻新媒体中心主办的第二届“你好新时代——中国永远在这儿”融媒体作品大赛获奖作品《请回答 1949—2019，罗湖一家人的记忆图鉴》中的解说词。

《请回答 1949—2019，罗湖一家人的记忆图鉴》解说词

画面	解说词
白云朵朵，树木葱郁，绿皮火车旁的一对年轻人手提行李，面带笑容，直指前方	20 世纪 80—90 年代，全国各地的年轻人怀揣梦想抵达深圳火车站，罗湖，便是他们梦开始的地方

解说词依据画面，从内容上补足了画面语言难以涵盖的部分，如年轻人所处的年代、地点、目的等，使画面形象更加具体化，新闻要素的表现更完备，让观众在视听兼备的具体形象中获得了全部的信息。

（2）升华画面。画面比较直观，但画面信息单薄，难以表达深入的主题和思想。解说词根据主题的需要，提炼画面含义，发掘画面内涵，升华画面内容，反映主题思想。解说词的写作要贴切、到位，应该力求紧密配合画面。这种配合，不是简单地看图说话式的图解画面，讲述画面已一目了然的内容，也不是对画面亦步亦趋地被动追随，而应根据画面所展示的视觉形象，具体、准确地挖掘画面无法表现的视觉深度和广度，使观众能更深地感受画面的情境和气氛。画面与解说交相辉映，相得益彰，既迅捷地传播了信息，又构成了和谐统一、令人称道的视听效果。

画面和图像的结合，再利用文字语言的特殊作用来拓宽电视新闻的报道面，把无法用画面表现的镜头，用语言文字如实地传播给观众，是解决电视画面只能是现在进行时的最好途径。

配音解说是电视专题片中的重要组成部分，配音解说与画面结合得当，能起到“画龙点睛”和“锦上添花”的作用，使音像浑然一体、相辅相成，达到更好的欣赏效果。因此，我们说解说是一门艺术，配音解说的质量直接决定着一部作品的整体质量。从专题片稿本到电视专题片的解说，绝不仅仅是把僵死的文字变成有声的语言，而是一种再创造。

（3）简洁凝练。画面强烈的现场感和色彩多变的特点，使观众把注意力主要放在画面上。解说词必须简洁、精炼、概括，以便能在瞬间给观众留下深刻的印象，并为观众腾出理解和思考画面的余地达到最佳传播效果。那些拉杂啰唆的解说，不仅破坏观众对解说词的理解，而且也影响观众对画面的注意。例如，浙江电视台的新闻《G20 峰会志愿者》中，在不到两分钟的时间里，关于志愿者自觉参与服务活动的解说词就出现了三次，在一定程度上影响了新闻效果。

一般来说，新闻中诸如新闻现场环境、气氛、新闻人物的外形特征等已由具体可视的画面展示出来。解说词没有必要再去描绘叙说与画面重复的内容，而应着重用简明扼要的语言填补画面难以表现的内容。

2. 解说词的口语化

为听而写，就是要求解说词语言要清晰明快，朗朗上口，不含糊，不朦胧，不呆板，不晦涩，让人易听、易懂、易记。解说词写作要深入浅出，让人一听就明白，不用拐弯抹角地令观众费心思考。既带有画面的感性色彩，又带有语言的理性的解说词，很容易打动人。

口语化要求明了自然，富有生活气息，运用一些富有感情的语气词，这样观众听了会产生一种亲切的感觉。

（1）多用口语词。在写作时，要尽可能将不怎么听得懂的书面语改为口语词。如“缄默”改为“沉默”，“函”改为“信”、“即”改为“就是”等。

“在华北制药金坦公司，一说起齐名齐师傅，同事们都会竖起大拇指。”（河北新闻联播，2016 年 7 月 2 日，《齐名：生命在信仰中绽放》）

（2）要尽量少用生僻的行业词、科技词。在新闻报道中，尤其是在行业成就报道、科技报道中，往往会碰上生僻的行业词、科技词，在难以回避的情况下应尽可能用浅显易懂的语言解说清楚，让专家不觉得外行，而老百姓也能听得懂。

（3）数字的表达应选用合适的视听元素。数字是比较枯燥的概念，观众对单纯的数字难以留下深刻印象。因此，在运用数字时，必须考虑观众对数字的承受力。一般来说，在运用数字时，应注意以下几点。

第一，报道数字，宜粗略不宜精确。粗略简单的数字能使观众在瞬间内理解所用数字的意义，便于记忆。同时，简化数字也是为了更适合口头表达。比如，将 3621 万写成 3600 多万，把 1.9%写成近 2%，这样写，就简单、易读、易记。

第二，开拓数字的可视因素。用打比方的方法描绘数字，可以给观众留下更深的印象。比如，“目前，在潜江已形成集科研示范、良种选育、苗种繁殖、生态种养、加工出口、仓储物流、餐饮旅游于一体的虾稻全产业链条，带动就业 10 万人，帮助 1242 户贫困户脱贫。”（焦点访谈，2018 年 9 月 29 日，《下好乡村振兴这盘棋》）运用形象化、具体化的方式描述数字，能使观众直接感受到数字本身所蕴含的意义和价值。

第三，采用对比的方法，加强观众对数字的理解。比如，“新中国成立时，消防队伍实行民警编制，1965 年起实行现役制。转隶应急管理部之前，由公安部领导管理，列入武警部队序列。这支队伍从建国初期仅有 1 万多人，1 千余辆消防车，发展到现有指战员 17 万余人，执勤车辆 4 万多台。”（焦点访谈，2018 年 11 月 20 日，《打造应急救援国家队》）通过建国初期与现在的消防队伍的人员数量和车辆数量的对比，既直观展示出当前我国消防队伍的强大实力，又加深了观众的印象。

当然，在报道中，有些数据确有意义，有必要让观众了解和记忆，通常做法是借助于视觉元素，用字幕的形式将精确的数字逐一显示在屏幕上，供观众阅读、理解和记忆。

（4）少字、短句、多段。电视新闻解说词语言既要利于播音员口头表达，又要让观众感觉易听、好听。要上口、要悦耳，解说词就得生动活泼，明快有力。这些解说词，铿锵有力，措词严谨，掷地有声。

在写作时，应避免使用那些修饰成分、联合成分比较多，结构层次比较复杂的长句子。那种拖泥带水，马拉松式的长句子，只会令播音员读着拗口，观众听着别扭，不利于新闻传播。

（5）讲究节奏。强调解说词语言的节奏，除了要配合新闻主题及画面内在、外在节奏外，在写作时，可以适当地运用一些层递、对偶、对比等修辞手法，以增强语言的节奏感和韵律美。

（6）“接地气”。一部电视新闻片要得到观众的认可，才能引起观众的兴趣，拉近与观众的距离，这个距离的“连接点”就是朴实的语言，那种居高临下、我说你听的说教式语言方式万万要不得。在撰写解说词时，作者最好将自己摆在同观众平等的位置上，采取与观众拉家常、说心里话的方式娓娓道来，让观众感受到亲切自然。

电视新闻是大众传播，而方言、土语容易造成其他地区观众听不明白的状况。因此，即使是地方电视台播发的新闻中，也应在解说词中避免使用方言、土语。

（二）新闻故事化

新闻故事化是新闻采写中运用得越来越多的一种方式，这种方式增强了新闻报道的客观性与可读性，使新闻报道充满了趣味性和人情味，为新闻写作提供了一种新的思路和方式。故事化是对能力的考验，故事化需要文字能力、逻辑能力、专业知识支撑。简而言之，新闻故事化需要用形象的事实说话，尽可能地寻找事件中蕴含的戏剧性或含有幽默感的情节和细节。

新闻故事化-从细节入手

在事件类电视新闻中，一般的惯常操作通常会倾向于表述清楚事件，而忽视了事件中人这一主题。具体的事件一定是有人在推动和发展的，以人为切入点，才能把新闻做得具体化，反之，只见事件不见人，就只剩空洞而抽象的事。“人”总是新闻报道中最具有感染力的因素之一。

每年的9月1日是我国学校的传统开学季，如果我们要做一条关于开学的电视新闻，要怎么操作？我们可以先选择报道的人物，再选择可以报道的事件，做了初步的筛选后，锁定报道的范围。

1. 以“情节”推动新闻故事

如果说“人”是新闻故事的主角，“情节”就是新闻故事的剧本，“人”演绎并推动“情节”，而“情节”给“人”提供行动的载体。

“情节”的形成源于两方面的因素及其互动：一方面，作为新闻事件主体的“人”；一方面，“人”所活动的时间和空间“环境”。在新闻故事中，“人”和“环境”的相互作用最终以“情节”的方式表现出来。

（1）关键点。这类情节往往处于新闻事件发展进程的关键“节点”上，是事件发展的高潮。在这些“节点”位置，由于新闻事件的进程即将或正在发生，情节是紧凑、充满张力的，因而也比较容易打动人。

用户在众多信息洪流中，总喜欢“新”的事物，所以我们在新闻事件中就嵌入这一类字眼，比如全新、曝光、上市、终于、突破、发明、诞生、新推出、引进、最新信息、首度、首次、领先、独家等，满足用户大脑接收信息的逻辑。

（2）兴趣点。一个情节能否感染受众，很大程度上在于他们是否对其感兴趣。“有趣”的情节一定是与受众密切关联的。受众与情节之间关联性的形成受到诸多因素的影响。比较常见的有：情感的共鸣、地缘的接近、利益的相关、文化的认同。

回顾劳荣枝被捕案件，受众最感兴趣的情节是什么？劳荣枝是怎样被捕的？被捕之前，劳荣枝经历了什么？她为什么会被逮捕？她对社会的危害有多大？她所犯下的罪行对人们有什么影响？

按照受众与情节间的各种关联因素，我们可以列出新闻事件中诸多可能的“兴趣点”，并从那些与受众关联最密切的点中选出我们需要的情节片段。

综上所述，“关键点”与“兴趣点”是我们选择情节片段的重要依据。事实上，我们向受众讲述“新闻故事”的过程，就是对新闻事件进行“情景再现”的过程。

2. 挖掘故事的“细节”

如果说情节搭建了故事的“骨架”，细节则为这些“骨架”附上“血肉”，使其生动、鲜活。一个精彩感人的新闻细节，胜过一大堆没有灵魂的事实和一长串空洞的形容词。那些乍看起来不引人注意的细微信息往往和新闻主旨有着密不可分的联系，它通过象征、隐喻、暗示，从一个微观的角度解读新闻。没有了细节，故事就只能是漂亮文字的堆砌。在一个电视新闻故事中，什么是合格的“细节”呢？

（1）细节具体，并能找到载体。首先是可视的形象细节不是概念，必须是直观可感的。回顾劳荣枝被捕事件，对于观众而言，有一个问题令大家疑惑，那就是：劳荣枝到底犯了什么罪，又为什么会逍遥法外 20 年后才被逮捕。

中央电视台播出的电视短消息《陈斌强：绑着妈妈去上班》抓住陪老年痴呆症的妈妈在路边晒太阳的细节，用特写和近景给大家展示了一个暖心的画面。

《陈斌强：绑着妈妈去上班》画面

序号	景别	拍摄手法	画面	时长
1	中景	平拍	陈斌强带母亲在路边休息，晒太阳	8s
2	特写	平拍	陈斌强给母亲暖手	1s
3	中景	平拍	陈斌强给母亲整理衣袖	5s
4	特写	平拍，摇镜头	陈斌强给母亲整理头发，接着转到陈斌强的面部	6s
5	近景	平拍	展现陈斌强与母亲的两人的面部表情	2s

（2）细节能以小见大，反映事件的核心。细节虽然是一些微观信息，但并不是可有可无的。好的细节能令人“见微知著”，从一个侧面窥见事物的本质。因此，在新闻故事中，细节的出现往行往对主题起到暗示与折射的作用。

三、同期声的选择

同期声的选择要注意几点要求。

（一）清晰

清晰首先是对技术的要求，要保证受众听得清楚。在选择同期声时，要注意挑选那些前期采录效果好的。如果效果不行而又实在很重要，要在后期剪辑时加以修补，当然这种修补不改变内容而只是技术上的调整，比如音量的调节。另外，后期编辑时一定要注意编辑机状态是否正常，防止声音失真。

清晰的第二个要求是要保证受众听得懂。有的人口音很重或者口齿不清，使用这些人的同期声时要打字幕。如果是直播无法及时加字幕，则要尽量选择那些能表达清楚的人采访，或者由记者在采访中随时把不清楚的地方重复一遍，这既是向讲话人确认也让受众听明白。

（二）典型

同期声的典型包括两个层面的意思：首先必须是典型人物，即新闻事件中的关键人物；其次，这个人物的讲话必须是典型的，能表达新闻世界的关键信息。典型的同期声不仅给受众认识新闻人物的内心世界奠定了基础，而且给受众认识新闻世界开辟了一条生动形象的感知通道。

（三）精练

与解说相比，同声期更加原汁原味，但是也有可能不够精练。因为新闻人物的语言不可能像解说一样经过精心组织并且由专业的报道人员（记者、主持人、播音员）播报。在时长有限的新闻节目中，这经常是一个让人两难的问题。所以很多时候同声期要经过精心剪辑，使之在表达意思上更加集中，也使节目的节奏更加明快。从实践的效果来看，对一般的消息类新闻来说。每一段同期声在 30 秒以内感觉会比较舒服。当然，同期声的精练必须服从于一个基本原则：不能歪曲甚至改变谈话人的原意。

四、消息类电视新闻文字稿写作

（一）消息类新闻导语的写作

导语是一则消息的“灵魂”，代表着新闻内容的精神，对全篇要旨有提纲挈领的作用。写好导语，是消息能否吸引观众的关键所在。

1. 符合一般消息类导语的写作要求

提纲挈领、简明扼要、抓住事物的特点，寻找事实的变动及新意等，使导语成为一种提示，一种摘要，甚至一种高潮，激发观众的兴奋点，引起观众的注意。

2. 导语写作要充分利用视听语言、有画面感

电视新闻的视听合成，决定了在写电视新闻导语时，要考虑用什么样的画面与导语对列，要重视与“导语画面”的配合。所谓“导语画面”，是指电视新闻开头的一个或一组画面。目前，按电视新闻的分类，屏幕上出导语的方式主要有三种。

（1）口播导语。即由播音员出图像播念导语采用这种方式，一是出于节目编排的需要，作为串联词之用；二是在导语的写作内容比较抽象、比较概括以及交代背景难以找到合适的新闻画面与之对应时采用。

（2）新闻画面与导语声画对位。即在文字导语出现的同时，伴有典型环境或典型人物、典型事态的画面出现。这种方式要求导语写作与新闻画面紧密配合。

（3）现场播报导语。即由记者在新闻现场向观众进行报道，是记者进行现场报道的开场白，记者应交代新闻发生地以及报道的缘由。

总之，导语写作，要善于挖掘新闻事实的精华，达到“一眼功效”，引发观众的收视兴趣。

（二）电视消息主体写作

主体是新闻的主要部分，它是对导语中所涉及的事实作进一步的丰富和充实，是对导语的展开和深入，加深观众对新闻事实和新闻主题的认识和理解。

主体写作最重要的是对事实材料的合理安排，或对比，或因果，或并列，或由点到面，层层递进，讲究结构的严谨。

（三）电视消息结尾写作

电视消息结尾一般用来揭示新闻内涵，深化主题，以达到影响舆论、引导舆论的目的。其写作方式，类同于报纸、广播，常用的有总结式、议论式、展望式、呼吁式、悬念式、照应式等。目前，屏幕上也有一些消息只对主要事实进行概要性解释，只有主体部分，言止意尽，也可以没有结尾。

此外，口播新闻，是播音员口头播报的新闻。其特点是简洁、灵活、迅速、及时。口播稿的写作有别于画面新闻的解说词，在写作上要求新闻的五要素完备，短小精悍，简明易懂。在内容上不宜展开，也无需提供细节。

自学自测

一、单选题

1．在新闻采访中，记者必须遵循的根本原则是（　　）。

A．实事求是原则　　B．依靠领导原则

C．无产阶级党性原则　　D．内外有别原则

2．记者要自觉地遵守职业道德。当前，在“讲究文德，反对以稿谋私”方面，首先要坚决反对（　　）。

A．采写人情稿　　B．拿原则做交易

C．见利忘义　　D．有偿新闻

3．新闻采访的目的是（　　）。

A．搜集创作素材　　B．采风问俗

C．取得人证物证　　D．识别和获取新闻

4．新闻线索的作用，表现在可以触发记者的新闻敏感，可以决定报道的质量，还可以（　　）。

A．指明采访的去向　　B．赢得采访的主动权

C．提高采访的工作效率　　D．把采访引向深处

5．在采访中，记者既要“身入”，又要“心入”，“心入”，就是要有强烈的社会责任感，要对客观事物进行由表及里的分析，还要（　　）。

A．广泛地接触群众　　B．多方面地挖掘材料
C 细心地掂量各种材料的价值　　D．真心实意地和群众打成一片

6．采访中开好座谈会首先要求（　）。
A．认真做好记录　　B．注意同与会者展开讨论
C．根据采访目的选好对象　　D．把握好座谈的气氛

7．开放式提问可以让采访对象的回答（　）。
A．不受具体答案的限制　　B．思想更加开放
C．有思想活动　　D．有细节与故事

8．构成电视新闻画面的构图要素不包括（　）。
A．主体　　B．前景　　C．空白　　D．线条

9．为获得和传播体验性信息，补充仅靠视觉所不能获得的信息内容，记者在新闻现场可以采取（　）角色定位。
A．记录者　　B．行动者　　C．目击者　　D．参与者

10．电视的传播特点不包括（　）。
A．线性传播　　B．具体形象　　C．受众广泛　　D．可选择性

二、简答题

1．影响景深的主要因素有哪些？
2．新闻故事化的写作要点有哪些？

三、论述题

1．同期声剪辑的注意事项有哪些？
2．电视采访方式有哪些？

课中实训

实训一　分析在长消息电视新闻中如何对当事人进行塑造

课程目标

依靠对长消息电视新闻人物塑造理论知识的学习，完成下列小组讨论及一些课后作业，引导学生理论联系实际，在实践的过程中锻炼自己，以加强学生对于理论知识的了解和运用。

思政目标

1．通过老师的课上讲解及小组课下实践，潜移默化地将思想政治教育渗透其中，鼓励学生树立热爱科学、追求真理、敢于创新、勇于挑战的精神。

2．引导学生养成不怕困难、不怕吃苦的习惯，培养学生“以天下为己任”的社会责任和远大理想抱负，达到润物细无声的效果。

实训资料

新闻简介

央视新闻 《周月华在丈夫背上行医 服务乡村百姓》(2012 年 10 月 22 日播出)

《周月华在丈夫背上行医 服务乡村百姓》解说词如下:

43 岁的周月华是重庆市北碚山区西河村一名普通的乡村医生，20 多年来靠着一副拐杖和丈夫坚实的背脊，走遍了偏僻山村的沟沟坎坎，为当地居民送医送药。

这样的情景西河村的老百姓已经看了快 20 年，66 岁的杨明龙得帕金森病十多年了，都是周月华在照顾，老杨家住的这座山，周月华一周就要爬两三次。

周月华 8 个月时患了小儿麻痹症致使左腿残疾，中学毕业后她凭借毅力考上了卫校，毕业后又毫不犹豫地回到大山深处的家乡西河村干起了乡村医生。刚开始周月华拄着拐杖给山里的居民上门服务，那时她每走一公里就要花去三个多小时，遇上陡峭的山路经常是手脚并用爬着走。

1993 年邻村的青年听很多乡亲说起周月华的故事，被这个残疾姑娘的仁心仁术深深地感动了，他决定要一辈子背着周月华进山行医。

一句承诺，18 年来丈夫背着周月华行走在西河村 20 多平方公里的大山之间，为上千户乡亲送医送药。2002 年夫妻俩半夜上山给产妇接生时摔下过悬崖。这几年，周月华几乎把所有时间都放在病人身上，自己的儿子却很少照顾。

周月华在当地看病出了名，也曾经动过念头去镇上开个诊所，但是村里的年轻人都出外打工了，剩下的几百名老人离不开她，作为一名党员、一名乡村医生，她现在下定决心要一直留在这里。

周月华说，只要山里乡亲还需要他们，她和丈夫就会一辈子一直这样背着走下去，把乡亲们的病看下去。

分镜头介绍

序号	景别	拍摄方式	画面内容	时长	解说词
1	近景	移镜头	周月华丈夫背着周月华在山路上行走	10s	这样的情景西河村的老百姓已经看了快 20 年了
2	近景	固定	周月华为病人看病	3s	66 岁的杨宁龙得帕金森病十多年，都是周月华在照顾
3	近景	移镜头	周月华将药水注入注射器内	4s	老杨家住的这座山，周月华一周要爬两三次
4	中景	固定	采访患者家属	2s	(同期声)周大夫走不了
5	近景	固定	周月华为轮椅上的病人看病	2s	(同期声)很是过意不去
6	全景	固定	诊所外等待看病的人	3s	周月华八个月时患了小儿麻痹症
7	近景	摇镜头	从周月华的拐杖摇到周月华写药单	6s	左腿残疾，中学毕业后她凭借毅力考上卫校
8	全景	拉镜头	周月华家乡的面貌	4s	毕业后又毫不犹豫地回到了大山深处的家乡西河村，干起了乡村医生
9	特写	移镜头	周月华用拐杖上山时的脚部特写	8s	刚开始，周月华拄着拐杖给山里的居民上门服务，那时她每走一公里就要花去三个多小时

续表

序号	景别	拍摄方式	画面内容	时长	解说词
10	全景	固定	大山的场景	4s	遇上陡峭的山路，经常是手脚并用爬着走
11	近景	固定	采访周月华	11s	（同期声）因为我是一个残疾人，深深体会到病痛对一个人是多么痛苦，我觉得可以为他们解除一点痛苦，这能给我最大的快乐
12	全景	推镜头	周月华丈夫的照片	2s	1993 年，邻村的青年艾起
13	全景	拉镜头	周月华与丈夫的合照	3s	听很多乡亲说起周月华的故事
14	近景	固定	周月华丈夫给周月华夹菜	3s	被这个残疾姑娘的仁心仁术深深地感动了
15	中景	固定	周月华一家人在吃饭	3s	他决定要一辈子背着周月华进山行医
16	近景	固定	采访周月华丈夫	6s	（同期声）她说你想好，要背就背一辈子，我说我早就想好了，只要你愿意，我决定背你一辈子

任务一　在塑造人物形象方面要做到真实

任务描述：请你根据《周月华在丈夫背上行医　服务乡村百姓》的新闻内容，分析概括记者选取了哪些细节来塑造人物形象，并填写下表。

选取的细节

序号	细节描写
1	
2	
3	
4	

知识拓展

新闻当事人的塑造要真实，要将新闻人物置于社会生活的大背景中去反映。品德、思想、情操无不通过那些看得见、摸得着的事情表现出来，任何有作为的人，不可能在社会中离群索居。因此，要把人物放在群众之中，注重描写人物成长的环境，表现人物性格形成的渊源，既反映他对社会的贡献，又反映党和人民对他的培育和帮助；既表现他是那个单位的先进代表，又反映正因为有了那样一个集体，才能使这一个人物脱颖而出。

任务二　塑造长消息新闻人物要做到接地气

任务描述：请你根据《周月华在丈夫背上行医　服务乡村百姓》的新闻内容，分析概括记者选择了哪些典型人物突出的事迹或缺点，并填写下表。

突出人物事迹特征

序号	突出人物事迹或缺点
1	
2	
3	
4	

知识拓展

塑造的人物要“接地气”，用真实打动人，用生动的故事和细节刻画典型人物。新闻当事人来自基层、经历平凡，新闻人物具有贴近性、普遍性，吸引观众的眼球。许多草根、边缘小人物，虽然他们的事迹并不一定很突出，境界并不一定“高大上”，但是由于他们“接地气、连民心”，能典型地反映出个人的情感、需求和存在感，更容易让人产生共鸣，发人深省。让典型人物回归常人，既要表现典型人物突出的事迹，也应不回避他常人的一面，甚至一些缺点，这样才能让典型人物更加有血有肉，让新闻使读者爱看想看，进而触及心灵、引发共鸣。典型之所以成为典型，虽都有其与众不同的“点”，但力透纸背的都是时代脉搏。可以说，既要见性格风骨，更要见家国情怀。先进人物通讯，如同鲜明旗帜，可以回答当下社会追问。

新闻只有“接地气”，才能经得起时代的考验。我们说新闻是易碎品，这是从新闻的事实属性来讲的。实际上，就新闻的社会属性而言，今天的新闻，就是明天的历史，真正有生命力的新闻，可以是历史的、永恒的，因为它经得起读者检验，经得起时代检验。

任务三　制作一条长消息电视新闻分析如何塑造新闻当事人

任务描述：根据所学的基础知识及知识拓展，寻找合适选题，并分析在制作这条长消息电视新闻时，新闻当事人应该怎样去塑造，才能使得这条长消息电视新闻更加真实自然。

“分析在长消息电视新闻中如何对当事人进行塑造”任务书

任务描述

通过对《周月华在丈夫背上行医，服务乡村百姓》这条新闻的观看，分析概括新闻当事人的塑造。

学习目标

（1）通过对案例的分析，了解如何塑造新闻当事人。

（2）能在老师的指导下，完成对新闻当事人的塑造。

（3）通过对案例的分析，明白新闻当事人的塑造为何要真实、“接地气”。

任务要求

（1）分析新闻案例中的新闻当事人的品格特性。

（2）找出反应新闻当事人品格特性的事实依据。

（3）分析新闻中所选用的典型事实是如何做到接地气的。

案例详解

（1）相关知识链接。读懂上述长消息新闻，分析案例中新闻当事人的塑造；结合本任务所需要解决的问题，回顾新闻当事人塑造的基本知识等。

（2）思政要点。这个任务的解决充分反映了对新闻当事人塑造的基本知识的了解，以扎实的理论功底，结合实际内容，立足本职岗位创造性地开展工作。

（3）具体的新闻文件。根据分析，结合新闻当事人塑造的基本知识，具体新闻文件编制如下：

任务分组

<table>
<tr><td>任务名称</td><td colspan="3"></td><td>日期</td><td></td></tr>
<tr><td>班级</td><td colspan="3"></td><td>授课教师</td><td></td></tr>
<tr><td>组号</td><td></td><td>组长</td><td></td><td>学号</td><td></td></tr>
<tr><td colspan="6">组内成员</td></tr>
<tr><td>组员</td><td>学号</td><td colspan="3">任务分工</td><td>备注</td></tr>
<tr><td></td><td></td><td colspan="3"></td><td></td></tr>
<tr><td></td><td></td><td colspan="3"></td><td></td></tr>
<tr><td></td><td></td><td colspan="3"></td><td></td></tr>
<tr><td></td><td></td><td colspan="3"></td><td></td></tr>
</table>

获取信息

引导问题 1：自主回顾总结与新闻当事人塑造相关的知识。

____

____

____

____

____

引导问题 2：查阅相关文献资料，了解学习新闻当事人如何塑造，分析其原因，完成下表。

序号	如何塑造	原因
1		
2		
3		
4		
5		

引导问题 3：根据本项目案例，分析概括塑造新闻当事人要真实，对主题表达有什么样的影响，并填写下表。

序号	影响
主题 1	
主题 2	
主题 3	

引导问题 4：根据本项目案例，分析概括要如何将新闻当事人塑造得“接地气”，并完成下列任务。

序号	如何塑造
1	
2	
3	

引导问题 5：小组内讨论每个同学对所有引导问题给出的答案，综合每位同学的意见，确定小组的最佳答案。

组内成员	问题 1	问题 2	问题 3

评价反馈

引导问题 6：由小组长在班上进行陈述，由各位同学和老师进行打分评价反馈，并由老师点评。

组号		评价内容				
评价人		问题 1（25 分）	问题 2（25 分）	问题 3（25 分）	问题 4（25 分）	总分
小组评分						
教师评分						
教师评价意见						

实训二　分析长消息电视新闻中采访的技巧

课程目标

依靠对长消息采访技巧的理论知识的学习，完成下列小组讨论及一些课后作业，引导学生理论联系实际，在实践的过程中锻炼自己，使学生以加强学生对于理论知识的了解和运用。

思政目标

1．通过内容选取、职业定位和能力的构思、设计和实施来培养学生的电视新闻制作技能，提升学生的政治修养。

2．在案例分析中渗透思政元素。通过职业道德准则和“三观”塑造等手段，对学生进行思政教育，使其体悟“媒介工作者应先做人，再做记者”的道理。

3．通过校内思政活动开展实训，承担节目的组织策划、拍摄剪辑、宣传制作等工作，利用所学课程知识，发掘并拍摄人物的正能量，完成情感传递和道德示范的作用，达到立德树人的效果。

实训资料

新闻简介

《相约在零点 37 分》是中央电视台记者在新春走基层时所采写的新闻。大主题是在春节期间坚守工作岗位、爱岗敬业、舍小家为大家的典型。在爱岗敬业中坚守工作的爱情故事，不仅是单纯的宣教，而是有故事和细节。

《相约在零点 37 分》2019 年 2 月 10 日在中央电视台《新闻联播》播出

郝康是一名铁路司机，在榆林站跑货运；雷杰做列车乘务员七年，跑往返于西安和乌海西之间的客运。同是陕西绥德人的他们，在四年前从老乡发展为情侣。有时候，他们分别工作的两趟车会在榆林站相遇。

（郝康）：我就会去瞄一下，就看到底有没有她，瞄到就像中彩票一样。

按照列车时刻表，雷杰值乘的列车会在零点 37 分驶入郝康工作的榆林站，在站台上停留八分钟。虽然这样的停靠每周会有四次，但由于郝康的休息时间不定，两人往往几个月才能成功在站台相聚一次。

2018 年，两人连休假都算上，总共只相聚了一周。

（雷杰）换个职业的话，俺俩可能就不会异地，（但）他其实挺喜欢这份工作的。

（中铁西安局延安机务段电力机车司机 郝康）但是我觉得她挺喜欢这份工作的，她到铁路上，我也到铁路上，就凭铁路来维持感情，就这样坚持。

春节期间，雷杰值乘的车依旧会在凌晨经过榆林站。按照铁路的规定，列车员值乘期间是不允许带手机的，她上车前依旧给郝康发了信息，然后将手机上交。此时的郝康，正忙碌在包西货运线上。

晚上 8:40，雷杰的车刚过延安，郝康终于下班了。今天晚上，他没有临时加派的出车任务，两人应该能在榆林站见一面。知道雷杰胃不好，只要有相遇的可能，郝康总会去表姐家给雷杰熬粥。

过了绥德，再有一个多小时就到榆林。今年两人计划结婚，郝康特意准备了新年礼物。

（郝康）还给她准备了一个戒指，也算是几年了，想给她这么一个小惊喜。

（郝康）这确实着急，现在（列车）都晚了八分钟了。

（中铁西安局延安机务段电力机车司机 郝康）不行 我得从这边走。

由于部分路段积雪，列车晚点十分钟。原本停靠在榆林站的 8 分钟变成了 5 分钟。

（郝康）雷杰在哪个车厢呢？

（列车乘务员）我不知道。

（郝康）你不知道？

（乘务员）出乘的时候见过。

（郝康）你让我这会去哪找？

因为硬座旅客较多，上车后，雷杰临时从 9 号车厢调到了 1 号车厢，因为手机在值乘期间早已上交，她没能通知郝康。

（郝康）这个情况呀，铃都响了。

（雷杰）在后面呢。

（郝康）快跑，这确实是够滋味。

相聚这么短，列车那么长，郝康跑过一节又一节车厢。

（郝康）我不下了。

（雷杰）下吧。

（郝康）我不下了。我把你送到神木西（站）吧，我不下了。

（雷杰）下吧，你快下吧。

（郝康）我不下了。

（雷杰）一会神木西（站）没车了。

（郝康）没事，我坐我们单位的大列（货车）回来，我不下了。

（雷杰）你下吧，开车了开车了。

（郝康）那我就走了。注意安全。把车门关了。关门。

（雷杰）这是我给你买的护手霜，你抹上啊！

（郝康）你走了我再走。

（郝康）我没想到会变成这么突发（的情况）。

（郝康）好多话都没说，本来想对她说一声嫁给我吗？今年就把她娶了，这都没来得及说。

采访人员

任务一　长消息电视新闻中要去采访什么类型的人物

任务描述：根据案例《相约在零点37分》，分析概括采访了什么人。为什么要采访这些人？采访的这些人物代表什么样的人物类型？

采访人物分析表

采访的人物类型	采访的人物	采访原因
新闻当事人1		
新闻当事人2		
旁观者		
权威专家		

知识拓展

采访沟通

采访中的注意事项

一、安排好人物采访顺序

理清采访思路，安排好人物采访顺序，采访哪些人？先采访谁？后采访谁？

一般情况下，先采访事件的非主要人物，因为他们不处于事物矛盾的核心位置，没有直接的利害关系，看问题比较客观，说话比较大胆，能够提供更多的情况，可以了解很多细枝末节的内容，也可能发现新的线索。

采访新闻事件的主要人物时，可以依据之前的采访所得或疑问，适当调整采访问题，这样对于你采访主要人物更有帮助，能够得到更多你想要的信息。当然这个采访顺序也是可以根据事件的轻重缓急程度灵活调整，并不是一个确定的顺序。

二、注意观察现场，挖掘新闻事件的细节

事件新闻要突出新闻事实的鲜明生动，为广大受众关注和喜爱。要做好事件类新闻，这需要记者发挥不怕苦、不怕累的精神，尽可能到第一现场进行深入采访，用生动感人的细节“还原新闻现场”。

要在能够表达主题的细节上进行细致详尽的采访。把采访对象把新闻事件发生时的情境、人物的心情、人物的动作、人物的表情、人物的语言等表述清楚，深挖具体的细节。

新闻行话说：“七分采，三分写。”这就说明了深入现场的重要性及必要性。记者应深入新闻现场进行采访，用细节还原新闻现场，挖掘新闻中的“细节”，以此来吸引读者的眼球，同时也能开辟独特的报道角度，提升新闻“含金量”。注意提问方式，营造和谐气氛，新闻事件的被采访对象没有出镜经验，而电视新闻不仅需要被采访人回答信息内容，还需要同期的声音和画面资料。记者要在短时间内与采访对象配合采访，能安抚紧张或激动的被采访者，让采访对象回答问题时尽可能简明扼要，不拖沓，不偏离主题。

在提问时，可先通过轻松话题，安定采访对象情绪，再引入正题。在采访时，要针对新闻事件提问，问受众想知道的问题。记者提问态度要真诚、客观、不带个人倾向。即使你不赞同被访者的某些观点，甚至对他有某种不好的情绪，也要以专业的态度冷静客观地进行采访，不用否定语气提问。同时，提问要开门见山，简明扼要，易听易懂。

对采访对象表现出尊重、努力活跃采访气氛、美化采访语言都能博得被采访者的好感，使采访顺利进行下去。采访对象因紧张或没有经验，可能会出现很多过于简练的回答，如回答是或不是，这样的画面在后期剪辑的时候无法使用，影响了电视新闻的传播。在遇到这种情况时，提醒被采访者完整表述。

三、抓住主要问题

抓住主要问题采访，不要偏离主旨去提一些枝节问题，在采访过程中，记者要能把控住话题的主导方向，让采访一直顺着主线进行，不要偏移。

任务二　分析长消息电视新闻采访问题的技巧

任务描述：根据案例《相约在零点37分》，分析概括采访的每个人的问题，以及采访问题时所用到的技巧。

采访人物问题分析表

采访人物	问题	技巧

知识拓展

采访的技巧

新闻采访要客观。新闻报道涉及双方或多方发生冲突或矛盾时，作为记者一定要冷静、理性，要站在中间立场上，绝不能偏听偏信，更不能道听途说、人云亦云，这是记者在参与调查性新闻所应秉承的新闻职业操守，是恪守新闻真实性的底线，是新闻专业精神的基本原则。

采访的对象和内容要全面。除了采访新闻当事人本身，还要重视相关人物的采访，做到多角度、全面详尽的分析。要坚持多信源的准则，除了采访当事人，还要多方求证，对关键性细节要查看现场，也要追问冲突双方，还要寻找多个目击证人，在采访环节要准确、慎重、细致地观察、询问、发现、核实，力求最大限度地逼近事实真相，追求宏观真实和微观真实。

现场采访提问要领

一、提问要领

现场采访时间极其有限，现场出现的情况千变万化。要在较短的时间内使采访对象愿意谈并且能谈出有价值的内容，除要遵循问题设置的基本原则外，记者还应掌握提问的基本要领。

现场采访提问要领

二、提问要具体

现场采访因时间所限，一般不宜提大而抽象的问题，要提具体能使采访对象直截了当、简明扼要回答的问题。那些诸如“请你谈谈”“你有什么感想”“你此刻的心情如何”等庞大而笼统的问题，其结果或使采访对象不知所云，或泛泛而谈，言不及义，达不到记者期望的目的。提问要具体，要求记者提问口子要小，只有问得具体明确，才能得到具体明确的回答。

提问具体，不仅便于采访对象作出明确简要的回答，还能通过具体的问题引发出生动、有特点的细节。

提问具体，并不等于琐碎。记者在提问时，应把自己对客观事物的了解，化为人们普遍关注的能激起对方兴趣的具体问题，做到具体和概括的统一，通过具体的提问挖掘到结论。

三、提问要简明

这是指记者的提问本身就要简洁明了，要令采访对象和观众一下子就能听明白。如果提问过长，采访对象会记不住，听了后头忘了前头，抓不住问题的核心，回答自然不会尽如人意。相反，简短明了的提问，采访对象可以毫不困难地回答，用不着费劲思考、修饰、选择。

有时在采访提问前，需要交代背景材料，要求尽量简短概括，在用词表意上，要善于把背景交代与问题本身分开。如果背景材料比较复杂，可由记者、主持人出镜交代，也可在后期编辑时由播音员介绍。

四、提问要有信息量

现场采访，主要是用提问的手段，通过采访对象的答话满足观众获取信息的需求。节目能否满足观众对新闻内容的需求，完全取决于电视记者与采访对象的对话深度，而新闻事实内容主要包含在采访对象的答话之中。采访对象的答话能否揭示新闻事实的主要内容，清晰地交代出新闻的五个要素，关键在于记者的提问信息量是否充足。提问要像一根导管，引发出多种信息，让观众从中了解到更多的东西。

我们时常在现场采访节目中看到这样一种情况：有的记者在采访时把采访对象当成“傻子”，似乎什么也不懂，而自己却是个无所不知、无所不晓的“圣人”。采访过程中，记者喧宾夺主、滔滔不绝，把采访对象的思维禁锢在他所指定的范围里，对方只能被动地回答“是”“不是”“对”“没有”等。

五、提问要有特色

现场采访中，记者面对的采访对象是各式各样的，工农商学兵、三教九流无所不包。如果记者提问时不看对象，千篇一律，千人一腔，用问知识分子的话问工人、农民，用工人、农民的语言采访科技人员或大学教授，其采访显然难以成功。因而，记者在现场采访提问时，应针对采访对象的不同特点，提有特色的问题。要想提问有特色，记者必须事先做好准备，尽可能多地了解新闻事件及采访对象的背景材料，根据采访对象的不同情况，如不同的个性特征、职业特点、文化修养、思维方式等来设置问题。

记者在现场采访时，要学会“看人”，充分考虑采访对象的职业、身份、性格、气质、思维能力、语言表达情况以及他们所处的环境、此刻所表达的心态等，然后决定提什么样的问题。只有这样，才能有得体、到位的提问，也才能收到良好的采访效果。

六、提问要口语化

在现场采访中，如果记者用口语化的语言提问，可以给人以随和、融洽的氛围感受，易于形成记者和采访对象之间的交流感，使采访得以顺利进行。

采访找准提问的“基点”

现场采访主要是通过记者与采访对象交谈的方式来传递信息的。现场采访能否取得好的效果，涉及的因素很多。其中，如何让采访对象依据采访者的意图回答问题，是现场采访能否成功的关键，而采访者提问水平的高低又是现场采访能否成功的决定性因素。

要提出高质量的问题，首先必须明确提问的目的，也就是要找准提问的“基点”。有了这个基点，记者才能提出具体的、有针对性的问题。现场提问虽然千变万化，各不相同，但主要目的或提问基点一般都出于以下几个方面。

一、验证“何事”

验证“何事”，是通过提问，借新闻当事人或有关人士之口。对新闻事件给予证实。

二、探问“何因”

探问“何因”，是通过提问了解新闻事实发生的原因。即“为什么这样做”“产生的原因是什么”的问题，这是在采访实践中运用得比较多的问题。

三、寻求“何法”

寻求“何法”，是通过采访新闻当事人或与新闻事件有关人士，对那些尚未解决或来不及实施处理的问题，以答问的方式提出解决问题的方法。

四、了解“何议”

了解“何议”，是记者以问答的形式将观众对新闻事件的看法和权威人士的点评客观地报道出来。它一般用在社会上反映强烈而群众又比较关心的“焦点”“热点”问题上。记者通过采访，对新闻事件进行大众评说、专家点评，实现舆论的引导。大众评说具有代表性，专家点评具有权威性。

1. 选择立场

有人说“屁股决定了思想”，对于记者来说，立场也同样决定了提问方式，与政府官员面对面交流时，记者至少可以有四种“立场”可以选择：中央精神、政府、百姓、媒体。

所谓“中央精神”的立场，其标志是提问时常常引用党和国家的政策，对待官员居高临下，记者俨然中央精神的代言人，而这种做法的结果往往是采访者和受访者同时陷入了一种“官话”语境。

“政府立场”是指记者放弃了对于“提问”的思考与判断，更放低姿态，主动与采访对象采取“合作”态度，聆听对方的“教诲”，就采访者关心的或者便于回答的问题展开交流。双方你来我往，自说自话，好不热闹，但是观众看了往往并不买账。

采用“百姓立场”的最好标志莫过于拿“小道消息”或者所谓民间话语说事，这种老百姓口耳相传的东西特点之一全都来自“内部可靠消息”，但较起真来又查不出确切来源；特点之二往往是危言耸听，你知道的情况有多糟糕，它只会比你想象的更糟糕。一般来说，如果哪个记者一本正经地用这些“八卦新闻”向受访者去求证，不但显不出记者的智商和品味，更重要的是会让受访者瞧不起。但是无论如何，这种消息是最能勾起最大多数观众兴趣的。

“媒体立场”就是记者自己的判断，记者依据自己的知识背景独立分析和判断，常常表现为一种不为“官方和百姓”情趣所左右的“质疑”精神。

2. 原生态采访

最原生态的，也是最“简单”的采访，几乎没有什么铺垫，大部分问题都是不留情面地直通通地问出去的。

任务三　制作一条长消息电视新闻并分析采访方式

任务描述：根据我们所学习的基础知识及知识拓展，制订长消息电视新闻的采访计划，分析采访前应准备什么，并写出最终的采访提纲。

采访提纲

序号	采访提纲
1	
2	
3	
4	
5	

“分析长消息电视新闻中采访的技巧”任务书

任务描述

通过对《相约在零点37分》这条新闻的观看，分析概括长消息电视新闻的采访技巧。

学习目标

（1）通过分析这个案例所采用的采访技巧，可以准确把握、使用长消息电视新闻的采访技巧。

（2）能在老师的指导下完成采访。

（3）能够了解并掌握电视采访的方式。

任务要求

（1）列出新闻案例中记者的采访问题。

（2）根据采访问题，写出记者的采访技巧。

（3）能将所学技巧在新闻实践中加以应用。

案例详解

（1）相关知识链接。读懂上述长消息新闻，分析案例中的采访技巧；结合本任务所需要解决的问题，回顾电视新闻采访的基本知识等。

（2）思政要点。这个任务的解决充分反映了对电视新闻采访基本知识的了解情况，要以扎实的理论功底，结合实际内容，立足本职岗位创造性地开展工作。

（3）具体的新闻文件。根据分析，结合长消息电视新闻采访的基本知识，进行具体新闻文件的编制。

任务分组

任务名称				日期	
班级				授课教师	
组号		组长		学号	
组内成员					
组员	学号	任务分工			备注

获取信息

引导问题 1：自主回顾总结与长消息电视新闻采访相关的知识。

____

____

____

____

引导问题 2：查阅相关文献资料，了解学习电视新闻采访的方式有哪些，完成下表。

序号	采访方式
1	
2	
3	
4	

引导问题 3：根据本项目案例，分析其提问要领，并完成下列表格。

序号	提问要领
1	
2	
3	
4	

引导问题 4：通过这个案例，思考对我们以后的学习、工作的启发，特别是作为一线的操作者应该具备的职业道德、职业素养、职业精神等。

引导问题 5：根据案例，分析长消息电视新闻采访的提问“基点”出于哪几个方面，并完成下列表格。

序号	提问“基点”
1	
2	
3	
4	
5	

引导问题 6：小组内讨论每个同学对所有引导问题给出的答案，综合每位同学的意见，确定小组的最佳答案。

组内成员	问题 1	问题 2	问题 3

评价反馈

引导问题 7：由小组长在班上进行陈述，由各位同学和老师进行打分评价反馈，并由老师点评。

组号		评价内容				
评价人		问题 1（25 分）	问题 2（25 分）	问题 3（25 分）	问题 4（25 分）	总分
小组评分						
教师评分						
教师评价意见						

实训三　分析同期声及解说词的处理方式

课程目标

依靠对长消息中同期声及解说词处理技巧的理论知识的学习，完成下列小组讨论及一些课后作业，引导学生理论联系实际，在实践过程中锻炼自己，以加强学生对于理论知识的了解和运用。

思政目标

1．将思政元素与校内实训课堂改革相结合，利用创新专业育人实践模式，以校园活动打造立德树人典范，加强学生的核心素养培育，真正达到了立德树人、以德育人的目的。

2．思政育人：用真挚的情感和感人的事迹打造思政课堂，立德树人。

3．实践育人：在实践中提升专业素养，接受先进事迹的教育。

实训资料

新闻简介

《有机种植：为了明天 回到昨天》于 2016 年 7 月 12 日在黑龙江广播电视台播出。

2016 年 7 月，绥棱县天华农场举办分红大会，黑龙江省绥棱县 46 个采用有机方式种植作物的农户，得到了 1000 多万元丰厚回报。

2011 年，华夏董氏兄弟集团创办天华农场时，决定发展有机农业。2015 年，华夏董氏兄弟集团与绥棱县的 46 户农民签订有机种植合同。约定当年支付种地成本，农产品通过国家有机主管部门检测后，高于普通农产品四倍的价格收购产品，农民收到了一百万元以上的纯利。

有机种植费工、费时、成本高，但是产品优质、健康。中国绿色食品发展中心夏兆刚说："在黑土地上生产出更多的有机粮，不但可以在市场上占领先机，让农民获得更多的实惠，而且可以让国人的饭碗里，装上更多优质安全的放心粮，可以说，这是中国有机农业的发展方向。"

此次农产品的有机种植，激励广大农民扩大绿色有机食品供给，恢复黑土地珍贵的生态环境，为有机种植提供经验。

《有机种植：为了明天 回到昨天》新闻稿。

【导语】今天，黑龙江省绥棱县 46 个采用有机方式种植作物的农户得到了一千多万元的丰厚回报。

【同期声】<采访人>华夏董氏兄弟集团董事长 董配永

<采访内容>孟德林：1485158 元，于长海：9007968 元

【正文】2015 年，华夏董氏兄弟集团，与绥棱县的 46 户农民签订有机种植合同。约定当年支付种地成本，农产品通过国家有机主管部门检测后，高于普通农产品四倍的价格收购农产品，农民收到了一百万元以上的纯利。

【同期声】<采访人>绥棱县农民孟德林

<采访内容>记者问孟德林：现在领这 148 万什么心情？

孟德林回答：做梦都没想到种有机大豆能赚这么多钱。

绥棱县农民高元春说：一响地能挣一万了，在黑龙江省也是拔头子。

【正文】无公害农产品，绿色食品，有机食品构成了安全食品的金字塔，塔尖是有机食品。有机种植不允许使用化学合成的农药、化肥、生长调节剂等，产品是否达标，还需要专门机构认证。2011 年，集团创办天华农场时，决定发展有机农业。

【同期声】<采访人>董氏绥棱县农民谷晓波

<采访内容>绥棱县农民谷晓波说：那个（除草）省事啊，那个就是打药，完事了，这个天天上地捯饬去。

记者问：捯饬啥啊？

谷晓波答：捯饬草啊，累，那是必然的，但是也值得。

绥棱县农民李海滨说：我们这都是上的农家肥，一垧地 30 立方米，每天都上地看看，都是粪，有机种植就是费工、费时、成本高，但是产品优质、健康。

【正文】黑土是最肥沃也是最适于粮食种植的土地，但经过半个世纪的耕种，黑土有机物质含量比开垦前下降，一些地块甚至出现了板结和岩结化现象，为了明天，需要回到昨天。

【同期声】<采访人>绥棱县农民唐玉山，董氏集团董事长董配永

<采访内容> 绥棱县农民唐玉山说：使农家肥，不使农药，地也是越种越发暄，那时是死板的，现在是草死苗活地发暄。

董氏集团董事长董配永说：现在是鸟多了，青蛙就恢复到我们小时候（70 年代），晚上蛙鸣，吵得人睡不着觉。

【正文】农村的有机水稻、大豆、小麦进入高端市场，卖出了高价。分红大会后，董氏集团的负责人，成了农民眼里的香饽饽。

【同期声】<采访人>绥棱县农民徐宝坤，海伦市农民陈连海

<采访内容>绥棱县农民徐宝坤说：2016 年秋天，我整 20 垧地，我粪已经准备好了。

海伦市农民陈连海说：你看人家这个，一垧地出一万块钱你得纯剩，我们想要加入，

周边的老百姓我都可以带动起来，真的。

【正文】黑龙江省是全国最大的商品粮基地，粮食作物面积稳定在 2.1 亿亩，但全省有机食品认证面积只有 300 万亩。

【同期声】<采访人>华夏董氏兄弟集团董事长董配永，中国绿色食品发展中心夏兆刚

<采访内容>我想把这个扩大，我这单体是 2 万多亩，将来是 20 万亩、200 万亩、2000 万亩，甚至把咱们黑龙江这么多的耕地都给他带动起来。

中国绿色食品发展中心夏兆刚说：在黑土地上生产出更多的有机粮，不但可以在市场上占领先机，让农民获得更多的实惠，而且可以让国人的饭碗里，装上更多优质安全的放心粮，可以说，这是中国有机农业发展的方向。

《有机种植：为了明天 回到昨天》分镜头

镜号	画面	景别	角度	内容	时间
1		全景	微俯拍	用全景微俯拍的方式表现有机种植分红大会集合的场景	2s
2		近景	平拍	华夏董氏兄弟集团董事长董配永宣读分红：孟德林 1485158 元	2s
3		全景	微俯拍	董配永背景音：于长海 9007968 元	1s
4		中景	微俯拍	董配永背景音：于长海 9007968 元	2s
5		中景	平拍	群众响起了热烈掌声，突出群众的内心活动	1s
6		近景	平拍	背景音：2015 年	1s

续表

镜号	画面	景别	角度	内容	时间
7		全景	微俯拍	背景音：华夏董氏兄弟集团	1s
8		全景	微俯拍	背景音：与绥棱县的 46 户农民签订有机种植合同	5s
9		动画模拟	动画模拟	背景音：约定当年支付种地成本，农产品通过国家有机主管部门检测后	5s
10		中景	微俯拍	背景音：高于普通农产品四倍的价格	2s
11		全景	微俯拍	背景音：发家致富	2s
12		中景	平拍	侧面平拍孟德林拿分红的场景，背景音：孟德林等 4 户农民	2s
13		特写	微俯拍	背景音：收到了一百万元以上的纯利	2s
14	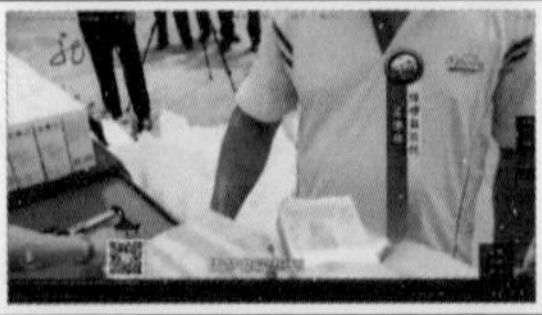	全景	仰拍 平拍 俯拍	一镜到底 记者问孟德林：现在领这 148 万什么心情？	3s
15		中景	平拍	孟德林回答：做梦都没想到种有机大豆能赚这么多钱	3s

续表

镜号	画面	景别	角度	内容	时间
16		中景	平拍	同期声 采访绥棱县农民高元春：做梦都没想到种有机大豆能赚这么多钱	2s
17		中景	俯拍	俯拍高元春装钱的画面 背景音：在黑龙江省也是拔头子	3s
18		动画模拟	动画模拟	背景音：无公害农产品，绿色食品，有机食品构成了安全食品的金字塔，塔尖是有机食品	6s
19		远景	俯拍	俯拍有机种植的产地 背景音：有机种植不允许使用化学合成的农药、化肥、生长调节剂等物质	4s
20		全景	俯拍	背景音：是否达标，还需要专门机构认证	4s
21		远景	俯拍	俯拍有机种植的产地 背景音：2011 年，华夏董氏兄弟集团创办天华农场时	1s
22		全景	俯拍	俯拍有机种植人员工作的情形 背景音：决定发展有机农业	3s
23		中景	平拍	绥棱县农民谷晓波说：那个（除草）省事啊，那个就是打药，完事了，这个天天上地掴饬去	6s
24		远景	俯拍	平拍除草情景 记者问：掴饬啥啊 谷晓波答：掴饬草啊	2s

续表

镜号	画面	景别	角度	内容	时间
25		全景	仰拍	仰拍除草画面 谷晓波说：累，那是必然的，但是它也值得	3s
26		全景	俯拍	绥棱县农民李海滨说：我们这都是上的农家肥，一垧地 30 立方米，每年都上	6s
27		特写	平拍	特写平拍农家肥 李海滨说：看看，都是粪，有机种植就是费工、费时、成本高	4
28		全景	微俯拍	李海滨说：但是产品优质，健康	3s
29		全景	平拍	背景音：黑土是最肥沃也是最适于粮食种植的土地，但经过半个小时的耕种黑土有机物质含量比开垦前下降	10s
30		近景	俯拍	一些地块甚至出现了板结和岩结化现象，为了明天，需要回到昨天	3s
31		全景	俯拍	绥棱县农民唐玉山说：使农家肥，不使农药，地也是越种越发暄，那时是死板的，现在是草死苗活地发暄	12s
32		中景	平拍	董氏集团董事长董配永说：现在是鸟多了，青蛙就恢复到我们小时候 70 年代	5s
33		全景	俯拍	背景音为董配永：晚上蛙鸣，吵得人睡不着觉	2s

续表

镜号	画面	景别	角度	内容	时间
34		全景	俯拍	一镜到底 背景音：天花农村的有机水稻、大豆、小麦进入高端市场，卖出了高价	6s
35		全景	俯拍	背景音：分红大会后	4s
36		中景	平拍	背景音：董氏集团的负责人，成了农民眼里的香饽饽	2s
37		中景	微俯拍	绥棱县农民徐宝坤说：2016 年秋天，我整 20 垧地，我粪已经准备好了	3s
38		中景	平拍	海伦市农民陈连海说：你看人家这个，一垧地出一万块钱你得纯剩	4s
39		远景	俯拍	背景音为陈连海：我们想要加入	2s
40		近景	平拍	陈连海说：周边的老百姓我都可以带动起来，真的	2s
41		远景	俯拍	背景音：黑龙江省是全国最大的商品粮基地，粮食作物面积稳定在 2.1 亿亩	4s
42		远景	平拍	但全省有机食品认证面积只有 300 万亩	4s

续表

镜号	画面	景别	角度	内容	时间
43		近景	平拍	董配永说：我想把这个扩大，我这单体是 2 万多亩，将来是 20 万亩、200 万亩、2000 万亩	7s
44		远景	俯拍	背景音为董配永：甚至把黑龙江咱们这么多的耕地都给他带动起来	1s
45		近景	平拍	中国绿色食品发展中心处长夏兆刚说：在黑土地上生产出更多的有机粮，不但可以在市场上占领先机，让农民获得更多的实惠，而且可以让国人的饭碗里	9s
46		远景	俯拍	背景音为夏兆刚：装上更多优质安全的放心粮，可以说，这是中国有机农业发展的方向	6s

任务一　分析长消息新闻中同期声所具有的作用

任务描述：请你根据实训资料中《有机种植：为了明天 回到昨天》的视频新闻，分析概括片子中声音的类型，人物同期声的时长及放置位置，并且这些同期声在新闻中起什么样的作用。

声音分析表

声音的类型	同期声的时长	放置位置	作用

知识拓展

电视新闻的环境背景声

环境背景声是由新闻现场的环境所发出来的声音，它往往由几个声音综合在一起整体发挥作用，每一个单独的声音一般不能独立存在。环境背景声在电视新闻节目的使用主要有以下两种情况。

一、作为依附于主体的背景音响而存在

大多数情况下，环境背景声用于描述主体所处的空间环境特征。晨练的舒缓、比赛的激烈、街道的喧闹、室内的宁静等，都可以通过环境背景声真实地反映出来。环境音响的典型性对于塑造主体形象、报道新闻事件具有特殊的意义。特别是一些现场感强的事件，背景音响更是不可缺失的要素。试想，如果没有观众的呐喊声，足球场上的比赛还会显得那么紧张刺激吗？如果没有各种机械的嘈杂声，工地的场面还会那么热烈吗？如果没有巨大的轰鸣声，火箭的升空还会那么激动人心吗？可以说，任何事物都会有音响的特征，所以，背景声是画面立体、生动、信息含量丰富的重要元素。严格地说，没有环境音响的画面是残缺的。即使在环境本身很宁静的情况下，这种“静”也是一种音响特征。

二、作为新闻报道的主体出现

有时候，现场实况音响可以代替解说，直接作为新闻报道的主体出现。典型音响和典型画面所构成的典型场景，往往是新闻报道中最容易出彩的段落。它通过事实本身说话，具有无可置疑的真实性和解说难以达到的生动性。例如，2018 年 5 月 29 日湖南卫视《湖南新闻联播》播出的《毛俊村：人心齐 百家旺》中关于农家乐的经营方式，村民们产生了分歧，现场的争论声此起彼伏，不用一句解说，村民各自的主见不言自明。

在新闻编辑中，凡是这种能用现场声画表现的段落就尽量不要加解说。当然，这种现场场景的直接展示需要通过画面和声音的剪辑来浓缩，剪出最典型、最富于表现力的声画段落，因此对编辑水平的要求也更高。

另外在某些突发性事件中，音响甚至可能是事件的唯一记录，具有独一无二的新闻价值，报道 2008 年汶川大地震的灾害严重程度，记者只需要将当地的废墟以及房屋的倒塌状况展现在观众面前，观众通过画面就能切身感受到灾害的严重程度，无需太多的解说，但是为了配合画面中灾难的悲催的场面，可以稍微渗透一些悲哀、低沉的音乐，来到达对新闻真实、准确的报道。

任务二 分析长消息电视新闻中同期声和解说词融合的实现

任务描述：请你根据实训资料中《有机种植：为了明天 回到昨天》的视频新闻，分析概括片子如何做到声画对位？同期声与解说词怎样有机融合？同期声的放置技巧及位置，并分析出在剪辑的时候要注意什么，并填写下列表格。

列举声画对位的镜头

镜头	声画对位
1	
2	
3	
4	

列举声画同步的镜头

镜头	声画同步
1	
2	
3	
4	

列举声画分立的镜头

镜头	声画分立
1	
2	
3	
4	

同期声及解说词融合分析表

如何做到声画对位	怎样有机融合	同期声的放置技巧	同期声的放置位置	剪辑注意事项

知识拓展

声画对位的方法

“对位”原系音乐术语，指音乐作品中若干相对独立的旋律声部结合为和谐整体。在影视中，画面形象和声音分别表达内容，二者按照各自的规律去发展，又各自以其特有的内在节奏从不同的方面说明同一含义的声画结合形式。强调声音与画面的相互作用，通过观众联想，达到对比、象征、比喻等对列效果，产生声、画自身原来不具备的新的寓意。把画面的对列蒙太奇作用引用到声音和画面之间，使声音成为独立的艺术元素，在影视片中发挥其独特的作用。

同期声剪辑的注意事项

1. 优化整合，确保语气连贯

电视新闻播报的质量与同期声编辑的效果密切相关，在进行编辑的过程中，必须做好优化整合工作，确保受访者语气的连贯，强调语句之间的合理停顿，对于一些与新闻主题关系不大的内容，可以适当删减。新闻采访的对象一般都是大众群体，在采访过程中存在着各种各样的问题，如语速缓慢、口语化严重、间隔时间过长等，如果不经处理直接播报，虽然真实，但是会给人一种拖沓的感觉，影响播报效果。因此，在进行同期声编辑时，应该坚持干净利落的原则，合理设置节目的间歇，对新闻事件的主题进行突出。另外，必须关注语气的连贯，确保删减掉的语句不会影响整体的表达效果，不至于造成观众的误解。如果剪辑过多或者剪辑不当，会给观众带来一种突兀的感觉，导致新闻报道失去真实性。因此，对于新闻编辑人员而言，必须熟练掌握相应的编辑技巧，在编辑过程中充分保证新闻报道的整体效果。

2. 充实细节，完善新闻结构

在进行电视新闻采访的同期声编辑环节，想要保证良好的效果，就必须对一些细节内容进行整理和充实，对新闻报道的结构进行优化，确保新闻事件从头到尾具备简单明了的层次，实现首尾呼应。在电视新闻报道中，受限于节目本身的时间，很多时候并不能对新闻事件进行全程跟踪报道，观众也没有足够的时间去消化，在这种情况下，为了保证良好的播报效果，就需要适当提升新闻的内涵，在完善结构的同时，对细节内容进行落实，通过细节的刻画，增强新闻的真实性和感染力，对新闻的主题进行突出，加深观众对于新闻事件的印象，从而为新闻的扩散奠定良好的基础。

3. 完善剪辑，进行压缩提炼

对于新闻编辑人员而言，在进行同期声的编辑时，应该结合采访的主题，针对谈话的内容进行相应的压缩提炼，通过剪辑对新闻的内容进行优化。如果一味将采访到的内容放在新闻节目中播出，可能会由于采访时间过长，导致节目不连贯，也无法对新闻的主题进行突出，影响新闻事件的有效传递。在这种情况下，就需要后期剪辑人员针对采访的内容进行适当的优化组合和压缩提炼，对主题相关的内容进行集中，保证良好的播报效果。新闻播音人员必须能够熟练表达报道的语言，吸引观众的注意力，增强观众的情感共鸣以及对于新闻事件的参与感。可以适当对画外音进行压缩，然后将受访对象的声音引入到画面之中，专题通过相应的剪辑处理，对内容和画面进行优化，保证电视新闻的整体效果。

4. 强调衔接，注重景别变化

电视在画面剪辑过程中，必须注重景别的变化，确保可靠衔接，以免给观众带来一种画面跳跃的感觉。简单来讲，在进行画面剪辑的过程中，应该做到循序渐进，提升节目的节奏感和层次感。

5. 插入语言，引入相关画面

可以在同期声的介入点，引入相关画面，在保证新闻报道连贯性的同时，保留采访者的原声，进一步增强新闻报道的真实性和可信度。如果同期声介入点较长，可以增加一些图片、影像、资料等，对新闻报道中所蕴含的信息进行拓展，使得观众可以结合画面去收听新闻播报，弥补了单纯声音播报存在的不足，而且可以帮助观众更好地理解新闻的内容，加深对于新闻报道的印象。

声音的处理

电视新闻中的画面和声音都是构成新闻事实的重要信息，声音有时占据比画面更为重要的地位。电视新闻的后期制作是对新闻素材真实性的还原，也是对新闻素材中的精华提炼。新闻声音中的同期声、解说甚至音乐都是影响新闻真实性的重要因素，如何把握好声音与画面的关系，关键在于后期剪辑中对声音的把控。

同期声将观众带入到新闻现场。节目中综合采用声音、图像、图片、文字，真实地还原现场。观众不仅能直接听到人物谈话的声音，还能感受到其语气、语调的细微变化，看到人物的表情、动作，从而获得更为丰富也更为真实的信息。同期声用来调节新闻的结构，要做到无缝插入解说词（同期声片段作为论据支撑解说词的观点）。

任务三　制作一条长消息电视新闻并分析如何处理同期声及解说词

任务描述：根据我们所学习的基础知识及知识拓展，分析概括在制作这条长消息新闻时，应怎样去写解说词，以及如何处理同期声，并写出解说词。

“分析同期声及解说词的处理方式”任务书

任务描述

通过对《有机种植：为了明天 回到昨天》这条新闻的观看，分析概括这条新闻的同期声及解说词是如何处理的。

学习目标

（1）通过分析完成这个任务所采用的同期声及解说词的处理方式，学会处理同期声和解说词。

（2）能在老师的指导下，完成同期声及解说词的处理。

（3）向一线新闻工作者学习潜心钻研的精神，做事一丝不苟、追求极致；立足岗位用于创新和探索实践。

（4）了解在剪辑同期声及解说词时应该注意些什么。

任务要求

（1）找出新闻案例中的同期声，并写下时长及位置。

（2）找出新闻案例中的解说词，并写下时长。

（3）找出新闻案例中的声画对位的解说词，分析解说词如何对画面解释。

（4）找出新闻案例中的声画互补的解说词，写明声画互补的原因。

案例详解

（1）相关知识链接。读懂上述长消息新闻，分析案例中的同期声及解说词的处理；结合本任务所需要解决的问题，回顾声音剪辑的基本知识。

（2）思政要点。这个任务的解决充分反映了对声音剪辑基本知识的了解情况，要以扎实的理论功底，结合实际内容，立足本职岗位创造性地开展工作。

（3）具体的新闻文件。根据分析，结合长消息声音剪辑的基本知识，编制具体新闻文件。

任务分组

任务名称				日期	
班级				授课教师	
组号		组长		学号	

组内成员

组员	学号	任务分工	备注

获取信息

引导问题 1：自主回顾总结与同期声及解说词相关的知识。

____

____

____

引导问题 2：查阅相关文献资料，了解学习长消息电视新闻的声音剪辑，分析其声音的组成及特点，完成下表。

序号	组成	特点
1		
2		
3		
4		

引导问题 3：根据本项目案例，分析长消息电视新闻在同期声剪辑上的注意事项。

序号	注意事项
1	
2	
3	
4	
5	

引导问题 4：通过这个案例，思考对我们以后的学习、工作的启发，特别是作为一线新闻工作者应该具备的职业道德、职业素养、职业精神等。

引导问题 5：根据上述新闻案例，分析该长消息新闻在同期声的选择上应注意什么，并完成下列表格。

序号	注意事项
1	
2	
3	
4	

引导问题 6：小组内讨论每个同学对所有引导问题给出的答案，综合每位同学的意见，确定小组的最佳答案。

组内成员	问题 1	问题 2	问题 3

评价反馈

引导问题 7：由小组长在班上进行陈述，由各位同学和老师进行打分评价反馈，并由老师点评。

组号		评价内容				
评价人		问题 1（25 分）	问题 2（25 分）	问题 3（25 分）	问题 4（25 分）	总分
小组评分						
教师评分						
教师评价意见						

实训四　分析长消息电视新闻中导语的写法及背景资料如何使用

课程目标

依靠对导语的写法及背景资料使用的理论知识的学习，完成下列小组讨论及一些课后作业，引导学生理论联系实际，在实践过程中锻炼自己，以加强学生对于理论知识的了解和运用。

思政目标

1．实践教学的职业性与思政性结合。在课程内容的选取上，“思政教育+职业技能教育”贯穿始终，通过内容选取、职业定位和能力的构思、设计和实施来培养学生的电视新闻制作技能，提升学生的政治修养。

2．潜移默化地将思想政治教育渗透其中，鼓励学生培养热爱科学、追求真理、敢于创新、勇于挑战的精神，引导学生养成不怕困难、不怕吃苦的习惯，培养学生“以天下为己任”的社会责任和远大理想抱负，达到润物细无声的效果。

实训资料

新闻简介

2018 年 11 月 18 日 《见证历史性时刻：扫雷官兵牵手蹚过雷场》在文山广播电视台发布。

2018 年 11 月 16 日下午 2:00，记者跟随扫雷部队驱车四五个小时来到中越边境的文山州麻栗坡县猛硐瑶族乡，见证扫雷官兵们手牵手唱着军歌走过雷场的历史性时刻，除了封锁区，这意味着滇东南地区扫雷工作圆满结束。

《见证历史性时刻：扫雷官兵牵手蹚过雷场》文字稿

【导语】11 月 16 号下午两点，中越边境云南段已扫雷场移交仪式在文山州麻栗坡县猛硐瑶族乡进行，扫雷部队的官兵们手牵手唱着军歌走过雷场，用行动告诉当地群众，这里安全了。这标志着中越边境云南段扫雷任务全部完成。

【正文】官兵们唱着军歌，对雷场进行徒步验收，用行动告诉老百姓，这里安全了。

【同期声】<采访人> 云南扫雷大队大队长 陈安游

<采访内容>我们通过今天的徒步验收，表明我们全体官兵对边疆群众负责、确保不遗留一颗地雷和一枚危爆品的决心。这也标志着中越边境云南段的雷区已经彻底、全面扫除，已经把安全的土地交回到边疆各族人民的手中，这些土地可以在当前的扶贫攻坚战中发挥更大用途。

【正文】看到官兵们蹚过雷场，猛硐乡长地村的盘金良感慨万千。当年他家的草果地就在这片雷区，1993 年他到地里干农活的时候不幸踩中地雷，失去了右脚。为了生活，失去一条腿的他继续到地里干活，不幸的事再次降临，2016 年，他的左脚又踩到了地雷上，从此他便失去了劳动能力，他也不再让自己的子女踏入这片地里耕作。

《见证历史性时刻：扫雷官兵牵手蹚过雷场》分镜头

【同期声】<采访人> 文山州麻栗坡县猛硐乡长地村村民 盘金良

<采访内容>现在扫雷官兵帮我们扫干净了，以后我们在生产过程中就安全了，子孙后代安全了，给他们健健康康了，很感谢扫雷官兵，为我们边疆人们扫出了一片净土。

【正文】举行移交仪式的雷场是扫雷英雄杜富国负伤的地方，扫雷环境相对复杂，官兵们回想在这里扫雷时的经过，仍然心有余悸。

【同期声】<采访人> 云南扫雷四队二班班长 张中君

<采访内容>因为这一块它属于当年的一个主战场，然后有很多的机枪阵地、炮阵地，地雷、爆炸物居多，密集度很高，我们作业是需要穿戴防护服、防护裤子，然后戴头盔，头盔前面有一个面罩，像现在这种雾天的话，我们的面罩会模糊，对我们扫雷官兵搜寻地雷爆炸物造成一定的影响，所以不敢冒进。

【正文】中越边境云南段有 113 块雷区，面积约 81.73 平方公里，跨越文山、红河 2 个州的 6 个边境县、31 个乡镇、35 个村委会、183 个村小组。2015 年 11 月，中越边境云南段扫雷行动展开以来，扫雷部队共出动兵力 9 万多人次，扫除雷区 90 块，面积约 57.6 平方公里，搜排地雷及各类爆炸物 19.82 万枚。23 块雷区全部封围，雷场封围总面积 24.13

平方公里。扫雷官兵在同“死神”打交道一千多个日日夜夜后，用实际行动兑现了对祖国的承诺。南部战区、省政府、扫雷大队、文山州、红河州等有关领导及部分群众代表参加了移交仪式，扫雷部队与文山州、红河州签订了已扫雷场验收移交文书，种下象征安全与和平的纪念树。

分镜头介绍

镜号	画面	景别	角度	画面内容	时间
1		全景	俯拍	官兵们唱着军歌，对雷场进行徒步验收，用行动告诉老百姓们，这里安全了	8s
2		近景	平拍	云南扫雷大队大队长 陈安游： 通过今天的徒步验收，表明我们全体官兵对边疆群众负责、确保不遗留一颗地雷和一枚危爆品的决心。这也标志着中越边境云南段的雷区已经彻底、全面扫除，已经把安全的土地交回到边疆各族人民的手中，这些土地可以在当前的扶贫攻坚战中发挥更大用途	4s
3		全景	俯拍	扫雷部队的官兵们手牵手唱着军歌走过雷场	30s
4		近景	平拍	看到官兵们蹚过雷场，猛硐乡长地村的盘金良感慨万千	4s
5		全景	微俯拍	当年他家的草果地就在这片雷区，1993年他到地里干农活的时候不幸踩中地雷，失去了右脚	3s

续表

镜号	画面	景别	角度	画面内容	时间
6		特写	微俯拍	为了生活，失去一条腿的他继续到地里干活	5s
7	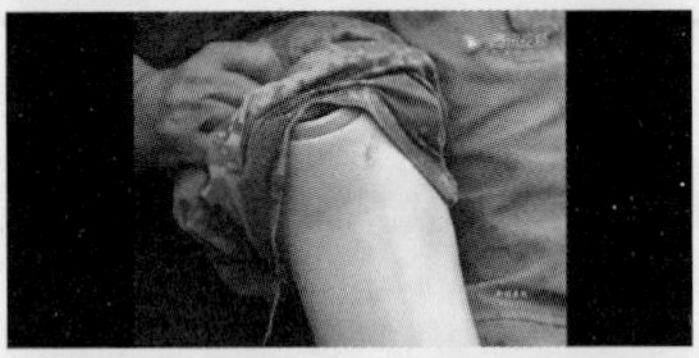	特写	平拍	不幸的事再次降临，2016年，他的左脚又踩到了地雷上，从此他便失去了劳动能力，他也不再让自己的子女踏入这片地里耕作	5s
8		特写	俯拍		6s
9		近景	平拍	文山州麻栗坡县猛硐乡长地村村民盘金良：现在扫雷官兵帮我们把雷扫干净了，以后我们在生产过程中就安全了，子孙后代安全了，给他们健健康康了，很感谢扫雷官兵，他们为我们边疆人们扫出了一片净土	8s
10		远景	平拍	扫雷官兵前往移交仪式场	4s
11		特写	平拍	举行移交仪式的雷场是扫雷英雄杜富国负伤的地方，扫雷环境相对复杂，官兵们回想在这里扫雷时的经过，仍然心有余悸	3s
12		全景	微仰拍	扫雷官兵为记者指示扫出的地雷	3s

续表

镜号	画面	景别	角度	画面内容	时间
13		特写	微俯拍	扫雷官兵扫出各式各样的雷	4s
14		近景	平拍	云南扫雷四队二班班长 张中君： 因为这一块它属于当年战争的主战场，然后有很多的机枪阵地、炮阵地，地雷、爆炸物居多，密集度很高，因为我们作业是需要穿戴防护服、防护裤子，然后戴头盔，头盔前面有一个面罩，像现在这种雾天的话，我们的面罩会模糊，对我们扫雷官兵搜寻地雷爆炸物会造成一定的影响，所以不敢冒进	7s
15		远景	俯拍	扫雷过程中经历的爆炸	4s

任务一　分析导语的写法及故事性

任务描述：分析概括《见证历史性时刻：扫雷官兵牵手蹚过雷场》这个长消息电视新闻导语的镜头组成及故事性的表现方式。

导语的镜头组成及故事性的表现方式

导语的镜头组成	故事性的表现方式

任务二　分析背景资料的使用

任务描述：分析概括《见证历史性时刻：扫雷官兵牵手蹚过雷场》这个长消息电视新闻中资料的使用，使用了哪些背景资料，分析其作用及来源。

新闻背景材料的分类

背景资料使用分析

所使用的背景资料	作用	来源

知识拓展

导语写作及背景资料的使用

好的故事性开头有悬念，酝酿一种氛围，引起观众的观看兴趣。由具体的画面场景切入，我们需要把场景和长消息的主题之间建立勾连，要有一个由点到面的切换，让读者知道我们这个长消息的主题。开头要有身临其境的感觉，更加注重新闻当事人的感受。

深挖人物的背景资料，更有利于塑造人物。在电视新闻报道中，背景资料发挥着十分重要的作用，它的恰当运用可使电视新闻报道的深度进一步加深，说服力和表现力进一步加强，使观众对新闻事件或是新闻人物的了解更深入、更全面。

新闻中的背景材料，常被称为“新闻背后的新闻”。世界上许多有名的新闻工作者都十分强调背景材料的运用。美国著名新闻学者、哥伦比亚大学教授麦尔文·曼切尔说过：“不使用背景材料，几乎没有什么报道是全面的。忽视这个忠告的记者，他们决不能给读者和听众提供充分的情况。”在新闻中运用好背景材料，可以提高新闻价值，增加新闻的信息量。

背景材料的运用，是以事实帮助记者表明自己的观点，也帮助观众把事物置于特定环境、条件中去理解、分析，从而引出深层次的思考。

任务三　制作一条长消息电视新闻

任务描述：分析在制作长消息电视新闻时，应如何巧妙地运用背景资料，并结合实训一、二、三中的内容，写出分镜头脚本以及完成成片。

“分析长消息电视新闻中导语的写法及背景资料如何使用”任务书

任务描述

通过对《见证历史性时刻：扫雷官兵牵手蹚过雷场》这条新闻的观看，分析概括开头及背景资料的使用。

学习目标

（1）通过分析《见证历史性时刻：扫雷官兵牵手蹚过雷场》这条新闻，可以将开头及背景资料的使用融会贯通到自己所拍摄的长消息电视新闻中。

（2）通过这次实训内容，可以了解应如何去了解背景资料。

任务要求

（1）分析新闻案例的背景资料，写出背景资料插入的位置。

（2）分析新闻案例中的背景资料内容，并写出其作用。

（3）在新闻实践中，学会运用背景资料。

案例详解

读懂上述长消息新闻，分析案例所用的背景资料，了解该长消息新闻开头的故事性；结合本任务所需要解决的问题，回顾长消息电视新闻制作的基本知识。

任务分组

<table>
<tr><td>任务名称</td><td colspan="3"></td><td>日期</td><td></td></tr>
<tr><td>班级</td><td colspan="3"></td><td>授课教师</td><td></td></tr>
<tr><td>组号</td><td></td><td>组长</td><td></td><td>学号</td><td></td></tr>
<tr><td colspan="6">组内成员</td></tr>
<tr><td>组员</td><td>学号</td><td colspan="3">任务分工</td><td>备注</td></tr>
<tr><td></td><td></td><td colspan="3"></td><td></td></tr>
<tr><td></td><td></td><td colspan="3"></td><td></td></tr>
<tr><td></td><td></td><td colspan="3"></td><td></td></tr>
<tr><td></td><td></td><td colspan="3"></td><td></td></tr>
</table>

获取信息

引导问题 1：自主回顾总结开头及背景资料使用的相关知识。

____

____

____

____

引导问题 2：查阅相关文献资料，了解背景资料的使用，分析了解背景资料的方法，以及应该了解什么样的背景资料，完成下表。

序号	了解背景资料的方法	了解什么样的背景资料
1		
2		
3		
4		
5		

引导问题 3：根据本项目案例，分析可以让长消息电视新闻的开头具有故事性的方法，完成下表。

序号	方法
1	
2	
3	
4	

引导问题 4：通过这个案例，思考对我们以后的学习、工作的启发，特别是作为一线的新闻工作者应该具备的职业道德、职业素养、职业精神等。

引导问题 5：小组内讨论每个同学对所有引导问题给出的答案，综合每位同学的意见，确定小组的最佳答案。

组内成员	问题 1	问题 2	问题 3

评价反馈

引导问题 6：由小组长在班上进行陈述，由各位同学和老师进行打分评价反馈，并由老师点评。

组号		评价内容				
评价人		问题 1（25 分）	问题 2（25 分）	问题 3（25 分）	问题 4（25 分）	总分
小组评分						
教师评分						
教师评价意见						

项目评价

学生自评表

班级		组名		日期	年　月　日
评价指标	评价内容			分数	分数评定
信息检索	能有效利用网络、图书资源、工作手册查找有用的相关背景资料等			10 分	
感知工作	是否熟悉长消息电视新闻制作的流程；在长消息电视新闻制作中是否能获得满足感			10 分	
参与态度	积极主动参与长消息电视新闻制作的实训，吃苦耐劳，崇尚劳动光荣，技能宝贵；与教师、同学之间是否相互尊重、理解；与教师、同学之间是否能够保持多向、丰富、适宜的信息交流			10 分	
	探究式学习，自主学习不流于形式，处理好合作学习和独立思考的关系，做到有效学习；能够倾听别人意见、协作共享			10 分	
学习方法	学习方法得体，有工作计划；技能的使用上是否符合规范；是否获得了进一步学习的能力			10 分	
工作过程	遵守管理规程，长消息电视新闻制作上符合现场管理要求；平时上课的出勤情况和每天完成任务情况；善于多角度分析问题，能主动发现、提出有价值的问题			15 分	
思维态度	是否能发现问题、提出问题、分析问题、解决问题、创新问题			10 分	
自评反馈	按时按质完成长消息电视新闻制作；较好地掌握了专业知识点；具有较强的信息分析能力和理解能力；具有较为全面严谨的思维能力并能条理清楚明晰表达成文			25 分	
自评分数					
有益的经验和做法					
总结反馈建议					

小组互评表

评价指标	评价内容	分数	分数评定
学习能力	1．学习积极努力，态度认真，能自觉完成学习任务 2．有好奇心与求知欲，善思明辨，大胆质疑 3．善于搜集信息和分析信息，通过自主、合作、探究等方式，达成学习目标 4．能总结与反思自己的学习过程和结果，能听取他人建议，不断改进学习方法	25 分	
实践能力	1．善于发现问题，并综合运用所学的知识和技能解决问题，具有创新意识 2．有随机应变的能力，能在活动过程中根据条件的变化调整方案，达成目标 3．有较强的协作精神与合作能力，能与小组成员共同完成任务 4 有较强的社会交往能力，能与相关的机构或个人联系，获得必要的信息 5．有较强的动手操作能力，有自己的实践活动成果	50 分	
表现能力	具有审美的眼光和良好的观察习惯，善于从生活中发现美、欣赏美，并对艺术表现做出评价 具有良好的表达能力，可以在众人面前展示自己	25 分	

技能评分表

序号	要求	配分	评分标准	得分
1	人物塑造	20	新闻当事人塑造要真实接地气	
2	长消息电视新闻采访技巧	15	单刀直入式、迂回入题式、追述提问式、激将反问式、聊天谈心式等	
3	长消息电视新闻的解说词写作特征	15	是否语言简练，并且解释及升华画面	
4	同期声的选择	10	是否清晰、典型、精炼	
5	背景资料使用	15	是否有背景资料的使用	
6	长消息电视新闻制作中导语的写法	15	是否具有故事性，场景和长消息的主题之间是否可以关联	
7	长消息电视新闻制作实训流程正确	5		
8	注意事项明确，没有出现错误	5		

教师评价表

评价内容	评价要点	考察要点	分数	分数评定
1．任务描述、接受任务	口述内容细节	（1）表述仪态自然、吐字清晰	2 分	
		（2）表达思路清晰、层次分明、准确		

续表

评价内容	评价要点	考察要点	分数	分数评定
2．任务分析、分组情况	依据实训案例分析制作长消息电视新闻时应注意的内容	（1）分析注意事项准确	3 分	
		（2）涉及理论知识回顾完整，分组分工明确		
3．制订计划	选定制作长消息电视新闻时所需要的工具及软件	（1）说明原因	5 分	
	拍摄方案	（2）制定拍摄方案	10 分	
4．计划实施	拍摄前准备	（1）拍摄工具准备	5 分	
		（2）资料准备		
	剪辑制作	（1）正确选择、使用剪辑软件	5 分	
		（2）查阅资料，正确选择声音剪辑方法	5 分	
		（3）正确剪辑制作长消息电视新闻	40 分	
5．成品分析		分析成品，找到是否在剪辑或采访上有错误的地方	5 分	
6．总结	任务总结	（1）依据自评分数	5 分	
		（2）依据互评分数	5 分	
		（3）依据个人总结评分报告	10	
合　计			100 分	

企业评价表

序号	推荐理由	同期声的放置位置及技巧	后期包装	主题	镜头画面的构图方式	采访的人物类型
1						
2						
3						
4						
企业建议						

课后提升

案例 1 中央电视台 2016 年 1 月 30 日播出的长消息《36 天生死营救》新闻解析

2015 年 12 月 25 日 7 时 56 分，山东平邑玉荣石膏矿发生坍塌，多名矿工被困井下。5 天之后，救援组成功探测到 4 名被困矿工。由于井下巷道坍塌，专家组决定采取钻孔救人的方法营救被困矿工。2016 年 1 月 29 日，在被困 36 天后，4 名矿工被成功救出。记者在现场拍摄记录了整个救援过程，见证了“不抛弃、不放弃”的生命救援奇迹。

【导语】历经三十六天的生死营救，平邑石膏矿坍塌事故中被困井下的四名矿工，昨晚顺利升井。目前，四名矿工生命体征正常，这是我国首个大口径钻孔救援成功案例，也创造了世界矿难救援奇迹。

【正文】21 点 21 分，第一名被救矿工 50 岁的赵治诚成功升井。

【同期声】<采访人>山东省副省长张务锋　第一名升井矿工张治诚

<采访内容> 张务锋对张治诚说：矿工兄弟辛苦了，全省人民、全国人民都在关心你们，抓紧到医院调养，抓紧康复。

记者问张治诚：身体状况怎么样？

张治诚回答：还行。

【正文】22 点 49 分，最后一名矿工，36 岁的华明喜成功救出 他是四名矿工中最年轻的一位。

【同期声】<采访人> 最后一名被救矿工华明喜

<采访内容>感谢政府，谢谢各位领导们，谢谢武警官兵们，谢谢打井队，谢谢大家。

【正文】2015 年 12 月 25 号，7 时 56 分，平邑玉荣石膏矿发生坍塌。由于井下巷道持续坍塌，专家组决定采取打钻孔救人的方法，营救四名被困矿工。

【同期声】<采访人>救援人员

<采访内容>哎，有人，你看有人，有人。

【正文】通过这个救生孔，被困矿工获得源源不断的食物补给。31 号，直径达 70 厘米的大口径钻孔开钻。深度 220 米的矿区地质还有表土层、灰岩层、砂岩层和石膏层且伴随着涌水和碎石，地质结构异常复杂，导致钻孔过程意外频发。

【同期声】<采访人>事故救援专家组组长杜兵建

<采访内容> 最困难的一次救援钻孔的施工，它所遇到的问题是过去所有困难的总和。

【正文】这是山东三十多年来最冷的一个冬天。整个救援耗时 36 天，要动用国内六百多套先进设备，汇集了六十多位专家和一千多名救援人员，最终获得成功。据了解，此前我国矿山救援以矿井巷道救援为主，钻孔救援方式在国内还没有成功先例，全球范围内也只在美国宾夕法尼亚州魁溪煤矿矿难和智利圣何塞铜矿矿难时成功过。

【同期声】<采访人>国家安全生产应急救援总会副主任高广伟

<采访内容> 我们秉承以人为本的理念，秉承科学施救的理念，我们成功了，这在我

们中华人民共和国矿山救援史上将展开新的一页。

《36 天生死营救》镜头解析

镜号	画面	景别	角度	画面内容	时间
1		远景	俯拍	晚上，对被困矿工展开救援 背景音：21 点 21 分	3s
2	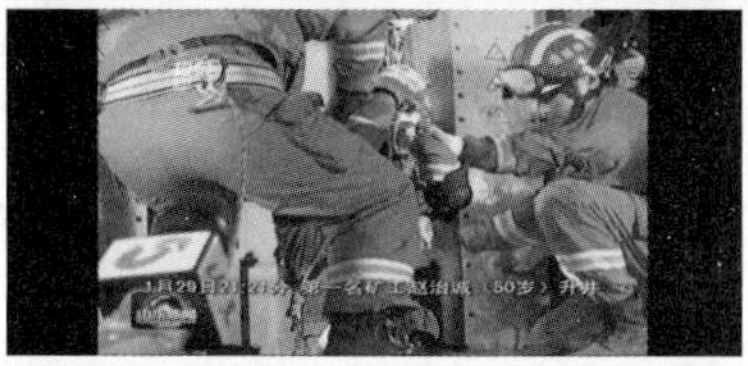	全景	仰拍	背景音：第一名矿工五十岁的赵治诚成功升井 救援人员说：闭眼睛，把眼睛闭上	5s
3		近景	微仰拍	矿工赵治诚 群众响起来了欢呼声	3s
4		全景	微仰拍平拍	救援人员喊：不要动，别放上边，闭上眼睛，慢点。 矿工赵治诚成功救出	9s
5		中景	平拍	山东省副省长张务锋对赵治诚说：“矿工兄弟辛苦了”。	2s
6		近景	平拍	张务锋对赵治诚说：全省人民、全国人民都在关心你们，抓紧到医院调养，抓紧康复	4s
7		中景	微俯拍	记者问赵治诚：身体状况怎么样？ 赵志诚回答：还行	3s

续表

镜号	画面	景别	角度	画面内容	时间
8		远景	俯拍	1 月 29 日 21:49 分，第二名矿工李秋生升井，现场响起热烈的掌声	2s
9		全景	平拍	用平拍更细致地讲述矿工李秋生升井的过程	2s
10		近景	平拍	讲述李秋生的状态	2s
11		全景	俯拍	从远处俯拍第三名矿工管庆喜的救援情况	1s
12		近景	平拍	近景拍摄管庆喜的状态，1 月 29 日 22:21 分 第三名矿工管庆喜升井	2s
13		远景	俯拍	现场群众情绪高涨，口哨声不断，第四名矿工即将被救出	3s
14		中近景	平拍	背景音：22 点 49 分，最后一名矿工，36 岁的华明喜成功升井	4s
15		中景	微仰拍	背景音：他是四名矿工中最年轻的一位 对华明喜特写，救援人员询问华明喜的身体状况	7s

思考题：

1. 在这篇长消息电视新闻中，是如何塑造救援者与被困者的？
2. 在这篇长消息电视新闻中，对于所采访的人物用了什么样的采访技巧？
3. 在这篇长消息电视新闻中，对同期声和解说词是怎样处理的？
4. 开头是否具有故事性？背景资料是如何使用的？

案例 2　中央电视台 2012 年 10 月 3 日播出的长消息《跟着保洁员 长城拣垃圾》新闻解析

这几天八达岭长城游客陡增，这也增加了景区的清扫强度和难度，本台记者郭津跟随保洁员一起工作，体会了他们忙碌的一天。

一大早，八达岭长城景区的 100 多位保洁员就已经全部到岗，他们要赶在大批游客到来之前，完成第一遍清扫。保洁员每人负责 150 米的区域，除了清扫路面，还要将垃圾桶里的可回收物拣出来再分类。我跟随保洁员高俊开始了一天的工作。在拥挤的人群中清扫垃圾不是一件容易的事，150 米的区域用了 20 多分钟才走了一个来回，而垃圾袋已经塞满了大半。高大姐告诉我，长城上最难清理的是踩碎的鸡蛋皮和瓜子壳之类的细碎垃圾。

通过观察我们发现，长城上的保洁员每走两小步，大概也就是一块城砖，三十厘米的距离，就要弯腰扫掉脚下的垃圾。节假日期间，保洁员每天走 8 个来回，也就是 16 趟，2400 米的距离，他们每天最少要弯腰 8000 次。临近中午，长城上迎来一天游客的高峰期。

城楼下绿化带里的垃圾，也是清理难度大的地方，尤其现在垃圾数量比平时增加了一倍多，用夹子和扫帚已经远远不够了。

中午，游客们开始在长城上用餐，这也是保洁员们最繁忙的时候。直到两点多钟，保洁员们再次清扫完一遍后，才能得空吃饭。

这一天，保洁员共清扫出十多包垃圾，每个包都有七八十斤重，下班时他们还要将这些垃圾背到山下的垃圾站。

怕我勒到肩膀，保洁员大姐拿了一个矿泉水瓶垫在了我的肩上。我背的垃圾包只有 60 多斤，而其他保洁员的包都在 100 斤以上，但我还是拖了后腿，平时半小时的下山路我们走了一个小时。

在今天工作空档的时候，我们为这些保洁员们拍摄了一些纪念照，大姐告诉我这是她们第一次在长城上摘下头巾，也是她们第一次在长城上面留影。

《跟着保洁员 长城拣垃圾》镜头解析

镜头序号	景别	拍摄方式	画面内容	时长	解说词
1	大全景	固定镜头	长城上面人山人海	2s	一大早，八达岭长城景区
2	近景	固定镜头仰拍	保洁员大叔在弯腰工作	3s	的一百多位保洁员就已经全部到岗

续表

镜头序号	景别	拍摄方式	画面内容	时长	解说词
3	全景	固定镜头	在人来人往的长城上保洁员在收拾垃圾袋	3s	他们要赶在大批游客到来之前完成第一遍清扫
4	特写	固定镜头	保洁员的影子	3s	保洁员每人负责150米的区域
5	特写	固定镜头	保洁员在擦拭垃圾桶的盖子	3s	除了清扫路面
6	全景	固定镜头	在人来人往的长城上保洁员在用夹子拣垃圾	3s	还要将垃圾桶里的可回收物拣出来再分类
7	全景	固定镜头	记者跟着保洁员一起捡垃圾	3s	我也跟随保洁员高俊开始了一天的工作
8	远景	固定镜头	记者跟着保洁员一起在人来人往的长城上捡垃圾	4s	在拥挤的人群中清扫垃圾不是一件容易的事
9	远景	固定镜头俯拍	保洁员阿姨在用扫帚清理垃圾	5s	150米的区域用了20多分钟才走了一个来回
10	远景	固定镜头	保洁员阿姨在替换垃圾袋	3s	而垃圾袋已经塞满了大半
11	特写	固定镜头	扫地的特写	4s	高大姐告诉我，长城上最难清理的是踩碎的鸡蛋皮和
12	特写	固定镜头	保洁员阿姨用手收拾垃圾的特写	2s	瓜子壳之类的细碎垃圾
13	中近景变远景	拉镜头	记者在长城上边走边概括	10s	通过观察我们发现，长城上的保洁员每走两小步，大概也就是一块城砖，三十厘米的距离，就要弯腰扫掉脚下的垃圾。节假日期间，保洁员每天走8个来回，也就是16趟，2400米的距离，他们每天最少要弯腰8000次

思考题：

1. 在这篇长消息电视新闻中，是如何塑造保洁员的？
2. 在这篇长消息电视新闻中，对于所采访的人物用了什么采访技巧？
3. 在这篇长消息电视新闻中，对同期声和解说词是怎样处理的？
4. 在这篇长消息电视新闻中，背景资料是如何使用的？

项目四　电视新闻专题制作

教学目标

知识目标

1. 了解电视新闻专题的概念及特点
2. 掌握电视新闻专题的选题来源
3. 了解电视新闻专题策划流程
4. 掌握电视新闻专题镜头拍摄方式
5. 了解电视新闻专题的镜头组接技巧
6. 掌握电视新闻专题的解说词写作方法

能力目标

1. 能够根据平台特点和观众需求，制订电视新闻专题制作的目标
2. 能够合理选择电视新闻专题选题
3. 能够合理进行电视新闻专题创意策划
4. 能够在网络上收集电视新闻专题制作的各种素材
5. 能够用软件制作简单的电视新闻专题
6. 能够完成新闻专题解说词的写作

素质目标

1. 能够在电视新闻专题制作创意阶段，提出创新的新闻叙述构思
2. 能够和团队成员协商，共同完成实训任务
3. 能够借助网络资源，查找相应的电视新闻专题制作资源
4. 能够运用网络资源，学习融媒体形势下电视新闻专题制作的相关知识和技能

思政目标

1. 通过观看经典电视新闻专题案例，领悟其榜样示范作用，从案例中体会到新闻制作应传递怎样的价值观念，将真实、客观和人文关怀作为自己的职业准则，提高思想认识。

2. 利用校内思政活动《感动山传》，帮学生树立正确的价值观和实践观。让学生学会发现感动、褒扬楷模、宣传先进，学习模范人物感动公众、传承道德的良好精神，接受正

向的思想熏陶；起到情感传递和道德示范的作用，达到立德树人的效果；展现学院立德强技、匠心执教的教学理念。

3. 具备法律意识，掌握相关的电视新闻专题制作法律法规，知道电视新闻应规避的敏感词，坚持用职业道德规范和法律规范来约束自己。

4. 具备正确的价值观，能够创作真实客观、接地气的电视新闻专题作品。

思维导图

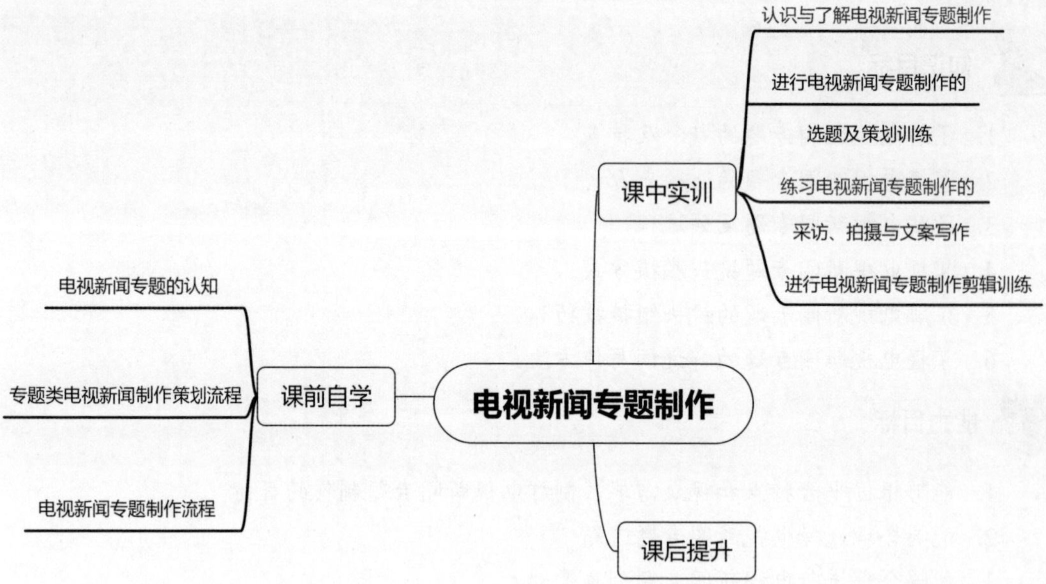

课前自学

一、电视新闻专题的认知

（一）什么是电视新闻专题？

电视新闻专题是报道类纪实型的电视专题片，是电视深度报道最常用的节目形态。电视新闻专题片的基本特征是新闻性较强，反映当前重大新闻事件或社会普遍关注的热点和难点问题；有明显纪实风格，不允许虚假操作，但同时讲究艺术性。电视新闻专题片与电视新闻一样，强调报道词与画面的有机组合，是所谓“双主体”的并重关系。

关于电视专题片的界定，目前电视界和学术界众说不一。但可以肯定，专题片不是纯新闻，它不要求时效性，而是追求历史的、文化的和社会的价值；它兼容某些新闻的特性，但与新闻有着本体的不同。它的重要功能就是“对事实和对真实自然的人、人性的高度尊重与揭示”。因此它既不会取代其他电视艺术，也不会被其他电视艺术所取代，有着顽强的艺术生命力。

（二）电视新闻专题的特点

电视新闻专题具有报道性、纪录性、即兴性，以及定期性，即把作品在时间上分割为连续性的片断，还有室内性等特点。

1. 传播迅速

电视的传播速度惊人，虽然它没有广播制作简便，但它的迅速传播性不容忽视。

2. 形象生动

电视以图像、声音、文字等符号直接作用于听众的感知器官，在多数情况下，易为人们接受。

3. 立体作用的方式

图、声、字是电视传播的三大元素。图像与文字作用于眼睛，语言、音乐、音响则首先作用于耳朵。

4. 传播内容丰富

电视具有最宽宏的度量，它兼容天下事，凡涉及人类应该了解而尚未知晓之事，一概纳之无误。

5. 空间无远弗界

电视可以使真实的视听符号跨山越水，翻山渡河，使之到达每一个空间。

6. 线性流程

电视传播拥有与时间同一的流逝特征，它也是顺时序的“一次过”，缺乏贮藏性和复显性，过时不候，无法返回。

电视新闻专题承载深度报道的内容，它可对一专门题材作深入报道或作分析、解释、透视。

（三）电视新闻专题的形式

专题类电视新闻是综合运用各种电视表现手段与播出方式，深入报道某一重大新闻事件或某些具有新闻价值又为广大观众所关心的典型人物和典型经验，或新出现的社会现象，以及表现某一行业、地区新面貌新气象等内容的新闻报道形式。专题类电视新闻节目可以分为电视新闻专题、电视新闻调查和电视新闻深度报道等类型。

1. 电视新闻专题节目

电视新闻专题节目又可分为典型报道、事件的现场报道、重大事件综述和思辨性报道等几种类型。

2. 电视新闻调查节目

电视新闻调查节目是利用电视的表现手法，以揭露社会负面事实为主要目标，由新闻媒体独立完成采访报道任务的新闻电视新闻节目类型。电视新闻调查节目是一个电视新闻频道的核心竞争力所在，同时也是体现媒体公信力的重要手段。这类节目对记者和编辑提出的要求较高，因此，节目往往能够产生深远的社会影响。

3. 电视新闻深度报道

电视新闻深度报道是运用电视的表现元素和报道方式对新闻事态的发生进行前因后

果的解释、分析和预测。电视新闻深度报道具有理性思辨的色彩，同时它的表现手法丰富多样，多侧面、多视角、多层次的立体报道是它的一大特点。由于对事态有深层次的思考，因此，深度报道节目往往能够在社会中引起较大的影响。

（四）电视新闻专题制作的相关法律法规

《中华人民共和国民法通则》《中华人民共和国侵权责任法》《信息网络传播权保护条例》《互联网信息服务管理办法》《互联网电子公告服务管理规定》等相关法律法规都与新闻媒体的监管息息相关，是电视新闻专题制作的法律基础和行为准则。

二、专题类电视新闻制作策划流程

报道策划是指新闻媒体在新闻报道真实性的基础之上，对现有的新闻线索和新闻资源进行有创意的操作，充分利用现有的新闻资源，挖掘最大的新闻价值，选择合适的时机、以恰当的方式推出，以求达到最佳的传播效果。它具体包括选题的策划，报道方式和角度的策划，组织形式的策划，报道者组织方式的策划，对新闻规模效应的策划，报道时机和规模的策划等一系列环节。

（一）选题策划

选题策划作为整个策划的第一个环节，发挥着极其关键的作用。选题策划是对电视媒体综合能力的考核，报道策划有一种前瞻性，能充分发挥电视媒体的主动性，化零为整，增强传播效果。

为迎接建党 94 周年，2015 年湖南卫视策划推出了系列报道《湖南好人》，它将视角向下，从基层干部中寻找时代好官，以改革精神为核心报道点，以湖南省区域为选取范围，报道了 8 位县级领导，播出时间契合了“七一”建党节这个时间节点，以人物故事切口，既报道了人物的事迹，又反映湖南精神，也迎合了党风廉政教育的主题，弘扬了主流价值观，传播了正能量，同时在制作手段上，引入了电影大片制作的设备和拍摄手法，获得了业界和观众的一致好评。

在当今的融媒体时代，新闻策划越来越被重视，新闻策划决定了其传播效果和宣传效果。策划从选题内容到制作手法、播出渠道等都在不断拓展边界，在专题类电视新闻方面也推出了不少精品，湖南卫视的《湖南好人》《绝对忠诚》等新闻片也引得了其他电视媒体的跟风和模仿。

那电视媒体如何做好专题报道策划？

1. 主题报道的选题策划

电视媒体担负着引导舆论与上情下达的任务。主题性新闻是宣传时代精神，弘扬时代主旋律，记录重大历史时刻的新闻。主题性新闻一般带有鲜明的宣传报道意图，阐述宣传主题的新闻事实，并以此为载体报道新闻、传播观念，是电视新闻专题的一个重要方向。除了精心策划、组织，还要见人、见事、见情、见理，才会好听、好看。2019 年是中华人民共和国建国 70 周年、改革开放 40 周年，从中央台到地方台都铆足马力，围绕这 2 个关键节点，中央电视台的《新闻 1+1》栏目特别节目《追梦时代》《我们一起走过——致敬改革开放 40 周年》，山东广播电视台的《传家宝里的新中国》、淄博广播电视台的《一个省级贫困村的四十年变迁》，电视媒体以多种形态讲述了与新中国、与改革开放相关的事迹，用朴实、真挚的电视手段使社会变化更加具象化，更具鲜活性。

这种报道是中国传媒的一大特色，以此来引导社会舆论，宣传社会主义核心价值观。然而这类报道大多不能以事件性新闻的形式出现，缺乏悬念和未知性。要想吸引观众的兴趣，必须让报道做得“好看”，从内容和形式上一起下功夫。通过新闻手段的综合运用，增强新闻专题的吸引力，以期达到较好的宣传效果。这就要求电视媒体人将重大主题转化为可视性强、新闻性强的节目。在具体的选题策划者时，应该先将中央的大政方针、宣传精神进行充分的理解消化，并从实际出发，深入生活调研，掌握大量的具体事实，从而将观众关心和主题报道结合起来，使枯燥的内容生动化，立体化，充分体现主题性报道的贴近性和服务性。

2. 重大事件不缺席

重大事件具有极高的新闻价值，是电视媒体必须重视的报道阵地和必争的舆论阵地，每逢重大事件、重要活动和节庆，如：每年的国庆、五一、春节、中秋等节目，这是电视媒体必须准备的重要专题，但因为年年准备，容易陷入同质化的尴尬境地。通过策划，以独特的视角呈现新闻事件，从差异化的角度选取，给予更深入解读，通过新闻专题、专栏、系列报道或特别节目等报道，以满足观众的信息需求，使新闻报道在竞争中脱颖而出。

在策划时可突破常规视角，从小人物，小角度、小细节切入，在平凡人身上突显正能量，报突破了“高、大、上”的报道常规，二十九届中国新闻奖电视专题三等奖《爱之信使》，将“中国精神”聚焦在一名普通的投递员身上，讲述了他在工作路上，八年如一日的帮扶几位孤寡老人的故事，是一个以小见大的现实故事，以小人物反映了大主题，通过细节的挖掘，使故事以情感人，有血有肉，让新闻更加自然、生动、丰富、立体。通过小人物的善举映照出时代光芒，弘扬中国精神，传播中国声音。

3. 选择小切口，以点带面挖掘典型素材

专题类新闻节目的时长较长，要让观众保持阅读兴趣，必须要有看点。它不只是对新闻事件的真实完整及时的记录，报道引起群众关注的重点事件、社会现象、典型人物，还要让新闻专题能吸引大家的关注，唤起大家的情感。2015 年 5 月 1 日，新修订的《行政诉讼法》正式实施，它标志着“民告官”正式走进新时代。浙江省台州广播电视台以农民老何为主角，在他自学法律的诉讼过程中，关注台州首例公开审理的行政诉讼案件。这个专题是对新修订《行政诉讼法》的解读，是对依法治国的理念的展示，但对深奥的法律、晦涩难懂的法理，记者以点带面，浅显易懂地展示出来，再加上人物的鲜明故事，将不说话的法律更为生动地呈现出来，并达到了预期效果。

4. 走基层，对接民众生活

此类策划应从民众入手，并且应以民众为本。习近平总书记强调，新闻工作者必须倾听人民呼声，回应人民期待，保证人民参与、平等发展权利，在学有所教、劳有所得、病有所医、老有所养、住有所居上持续取得新进展。因此，新闻工作者必须关注基层民众诉求，民众是电视媒体的受众，必须满足他们的信息需求，电视媒体作为我国普及率最广的一种媒介，是民众满足信息需求的主要手段，电视媒体已成为现代人家庭生活的重要组成部分。麦克卢汉说过，媒介是人的延伸，电视媒体也就是人的视听觉感官向外部世界的“延伸”，民众通过接触电视媒体，了解信息，塑造对外部世界的印象。电视媒体通过切入民众的需求，关注基层诉求，反映社会民生舆情，反映民众的切身利益，体现的是人民群众最真实的声音。媒体必须贴近民众，满足民众的需要以实现自己的社会价值和经济价值。

在进行选题策划时，考虑百姓的可接受的程度。因为报道策划有媒体的主观性的加入，是媒体有目的、有指向的新闻筹划活动，是一种主观行为和“议题设定”，要聚焦民众需求，关注民众的共同心理要求，选题满足大多数民众想知道的和应该知道的，尽量选择事件性的、服务性的、公益性的新闻。

什么是兵团人？兵团人的特殊使命和光荣职责是什么？《萨尔布拉克草原上兵团之家》告诉给了我们答案。兵团是战区和集团军之间的指挥层次，新疆兵团人特殊使命和光荣职责是维稳戍边，兵团九师一六一团的魏德友夫妇 52 年来，退而不休，默默坚守在环境恶劣的边境无人区，放牧守边，他像一棵树一样，深深扎根在中哈边境的萨尔布拉克草原。52 年来，外面的世界虽然日新月异、精彩纷呈，但老两口却不为所动，坚守着内心的平静。记者深入边境的萨尔布拉克大草原与魏德友一起放牧巡边，用镜头记录下了老人和老伴的信念与坚守、忠诚与担当；我们看惯了大城市中的奋斗与奉献，但有时“最是于无声处的奋斗与奉献，才最震撼人心。”报道讲的是老魏叔的故事，实际上也讲的是兵团人、新疆人、中国人的故事，讲的是关于共产党人的传统与信仰的故事。作品主题深刻、人物鲜明、画面生动、文风朴实，三集系列报道层层深入、娓娓道来，为观众呈现的是满满的感动，让我们更深刻地体会到“攻不破的边防线，难不倒的兵团人”，“割不断的国土情，摧不垮的军垦魂”的内涵。（题目：《萨尔布拉克草原上的兵团之家》获第二十七届中国新闻奖三等奖　刊播单位：兵团广播电视台 刊播时间：2016 年 7 月 25 日至 2016 年 7 月 27 日）

5. 以人为本，倾注人文意识和人文关怀

做策划时，一定要做到以人为本，体现人文关怀和人文意识，关注当下社会普通人的生存境遇和发展要求。新闻的主题策划可将视点下移到普通民众身上，挖掘平凡人不平凡的经历，反映普通人的声音。新闻媒体的影响力离不开新闻策划，新闻策划离不开新闻事件、新闻热点，好的热点几乎是一闪而过，抓住了新闻热点，就抓住了新闻的核心所在。在这样基础上建立的新闻策划才是优良的新闻策划，好的新闻策划不仅提高媒体的关注度，更能提升媒体的社会影响力。

在策划中注入人文关怀是当前电视媒体的发展趋势，这也是媒体新闻理念进步。电视媒体的功能不仅是传播信息和舆论监督，还有非常重要的一项功能就是社会调节，这是优秀电视媒体必须承担的责任。摒弃了人文关怀的新闻策划，剩下了煽情和谄媚，只会让受众觉得不适。人文关怀类的报道和策划更能够让大众更容易接受，就在于新闻策划的角度，那就是平民角度，媒体运用好平民角度才能让受众觉得平等。视角平民化通常会体现在普通百姓的讲故事，对弱势群体的关怀，用好平民视角所传播出来的人文关怀正是把新闻回归到“人”。

2015 年 4 月 5 日，红旗渠总干渠正式通水五十周年。当年参与建设的那些年轻人，大多已过古稀之年，还有一些人则把生命永远留在了红旗渠。五十周年的节点，近六百分钟的拍摄素材，凝缩成 14 分钟《静默的山碑》，把目光对准那些参与建设的牺牲者，以及他们的后人，听他们讲当年的艰辛与不易、讲那些悲痛与重生。五十年后，红旗渠又经过历次修整，已变得更加坚固。这些建设者们留下的红旗渠精神，已成为中华民族的一笔宝贵财富。重提红旗渠精神，正是为了铭记每一个牺牲者，铭记那些不能泯灭的民族精神。节目播出时正值红旗渠总干渠通水五十周年，又恰逢清明时节，从当年参与建设的牺牲者角度出发，选题精准，讲述充满了人文关怀，81 名牺牲者的名字已被全部刻在一面石墙上，铭记那些为祖国献身的人，铭记我们的民族精神。（题目：《静默的山碑——长渠如歌　红旗渠通水五十周年记》　获第二十六届中国新闻奖二等奖　刊播单位：河南电视台　刊播时间：2015 年 4 月 5 日）

新闻报道实践属于意识形态范畴，因此做好新闻策划还有赖于媒体工作者对自身修养，业务能力的不断积累，以增强自身的新闻敏感性和判断力，从而挖掘出更多更好的选题。

6. 多元传播，融媒体报道

在融媒体的背景下，电视媒体要从容应对，打通融媒体这张王牌，让电视、网站、新媒体协调作战，立体化、全方位、多样化报道和传播新闻。通过电视与移动端互动，在新媒体平台发力，从新闻的内容、形式、手段、传播渠道等方面进行创新，利用融媒体技术的优势，了解听众的需求，以服务听众为本位，同时发挥节目主持人的创新引领作用，有针对性地对节目进行调整优化，从而促进电视新闻专题综合实力的提升。

第二十七届中国新闻奖获奖作品《新华社特约记者太空日记》，2016 年 11 月 18 日，天宫二号和神舟十一号载人飞行任务取得圆满成功，首次实现了我国航天员中期在轨驻留，标志着我国载人航天工程取得了新的重大进展。围绕这次历时两个多月的任务，新华社策划组织实施了以“新华社特约记者太空日记”为主打的全媒体融合报道，呈现出立体多元的传播效果。不仅有传统的文字、图片、音视频报道，还专门策划组织了适合网络新媒体“两微一端”的融合报道，创意新颖、内容独家、融合互动、全屏共振，全方位展现了我国载人航天事业的巨大成就，大力宣传载人航天精神，形成正面舆论。全媒体的报道使新闻性与科普性、思想性与可读性、传播力和影响力兼具，以服务听众为目的，促使电视新闻专题综合实力的提升，引发广泛积极的社会效应。（题目：《新华社特约记者太空日记》　获第二十七届中国新闻奖一等奖　刊播单位：中国新华新闻电视网　刊播日期：2016 年 10 月 19 日—2016 年 11 月 18 日）

借助通过微信、微博进行传播，还通过短视频 APP 进行了跟踪传播，起到了更广泛社会受众关注，带来了话题，在网络上引发讨论和持续性关注，让这样的新闻策划成为新闻报道的常态，获得民众的信任和好感。

7. 提前做好准备、做好预估

除了报道内容和报道手段上的准备，专题类新闻报道采制时间比较长，提前做好准备、做好预估。这条新闻需要做什么、何时做、如何做、怎么布置分工？安排好时间进度，是多点同时推进，还是各点逐一突破；让采制新闻的责任落实到人，根据不同的报道题材，安排合适的记者去采访、收集新闻素材。在做好任务分工，先要寻找到合适的采访对象，这是采访工作的基础也是最重要的工作。明确采访采访对象之后，与采访对象提前联系沟通，拟定采访提纲等。

摄制装备的准备也是重要的一环，专题类电视新闻一般比消息类新闻对画面的品质要求高，除了常规性的节目录制装备外，《绝对忠诚》要求镜头要能上天、入地、下海，“动用了高科技特种装备，如动力伞、六角翼、电子轨道、GoPro、5D等，节目运用了大量的航拍、高速摄影、广角等气贯长虹的镜头，如导弹飞天、大漠长河、鹰击长空、战舰起航，几千张高速摄影照形成的璀璨星空图、辽阔的沙漠、草原与麦田等，这些生动宏大的镜头，给观众带来了超大视野的视觉体验，以及强烈的视觉冲击力、震撼力，达到了文字与声音符号难以产生的效果。”《绝对忠诚》呈现为一部电影级的“新闻大片”，给观众呈现了精美的视觉盛宴。

常规的镜头画面也可采用“颠覆化”的拍摄手法，对人们的视觉习惯进行更新，呈现出一种陌生的新奇感，例如高速摄影的镜头使微观景象放大，以一种新的面貌呈现给观众：镜头埋藏在地里仰拍角度给观众带来特殊审美视角。

（二）选题策划的原则

策划最关键的一环就是选好题材，只有确定了题材，明确了报道方向，才能谈到材料的筛选、谋篇布局、语言表达和画面拍摄等具体环节。

1. 时新性原则

新闻的本质是新，新闻策划是以新闻事实为基础的策划和运作活动，时新性原则时首先要满足的第一要素，特别时事件性报道，必须要有时效性，这是具备新闻性的前提。多针对动态事件展开报道，如：大型重点工程、民生工程的进展；重要新闻发生后各地的反响；各地创新的，具有较高新闻价值的新发现、新变化等；一定要快速反应、及时报道。特别时针对重大事件、突发事件的报道，要第一时间到达事件现场，拿到第一手资料，拍到画面，也可以跟其他媒体配合，共享新闻资源。

对于没有准确的时间要素的非事件性报道，可将它放在特定的时间坐标系或特定的背景下实现其时效性。如可通过“奥运大盘点”的选题方式使已经结束的奥运会再次成为新闻。

2. 深度原则

电视媒体对新闻事实应有全局的把握，以开阔的思维去观察和思考，宏观把握、微观着手。新闻策划者要善于用联系和发展的观点看问题，看到表层下的深层问题，并逐步、深入挖掘，将百姓关心的报道做深、做透。对于热点新闻、重要新闻还必须通过报道来推进事件的递进和发展，最终揭示事件的本质，中心突出，主题鲜明，制定出最有冲击力、报道方案。

2015年底，中央扶贫开发工作会议在北京召开，习近平总书记向全党、全国发出了“我们要立下愚公移山志，咬定目标、苦干实干，坚决打赢脱贫攻坚战，确保到2020年所有贫困地区和贫困人口一道迈入全面小康社会”的号召。四川大凉山，是全国十四个集中连片贫困地区之一，也是全国最大的彝族聚居区。这里山高路远、土地贫瘠，自然条件极度恶劣，是脱贫攻坚最难啃的硬骨头。在这样的大背景下，2015 年 12 月，央视记者来到凉山州的阿土列尔村，记录下发生那里的扶贫故事。

阿土列尔村是一个位于悬崖上的村子，要进村必须攀爬 800 米高的悬崖，普通人来回一趟要走 10 个小时。这里人均土地有 1 亩多，有精准贫困户 37 户，占全村人口的三分之一。为了脱贫，四川省专门选派了“第一书记”开展驻村帮扶。为了真实记录下这里的变化，央视记者和驻村“第一书记”一起克服极度恐高症，排除万难，系着安全绳，冒着生命危险在悬崖上跟踪拍摄，完整记录了从“第一书记”第一次爬悬崖进村，到在村里住下，从一开始面对语言和习俗的隔阂，到打破隔阂，一点点走进彝族群众心里，一点点讨论、研究扶贫之路，并最终带领彝族老乡们走上脱贫之路的故事。

在央视记者来到这里之前，别说是媒体，就连本县都很少有人来过，而为了真实全面展现这里的扶贫工作，央视记者五次往返“悬崖村”，山上一间老百姓废弃的土坯房就成了记者“走基层”的住所，他们先是在村里与村民同吃同住近一个月，而后又在昭觉县采访近 50 天，其间还走访了国务院扶贫办、四川省扶贫移民局、四川省发改委、凉山州政府等多个政府机关、部门，采访了大量的官员、专家、学者，深入调研了解贫困的原因、问题、解决的办法和未来的规划。他们没有简单地揭示“悬崖村”触目惊心的贫苦，而是扎下去，用笨办法，下苦功夫，从前期调研、拍摄，到节目最后播出，前后花了近六个月的时间。“悬崖村”的行路难只是新闻的表象，扶贫攻坚才是新闻应该关注的本质和内涵，央视记者通过客观报道，访真贫、问真苦，为的是努力探讨一种可操作的扶贫办法，记录扶贫攻坚这项伟大工程中基层党员干部与群众的艰辛和不易，为国家的扶贫攻坚提出建设性意见。“明知山无路，偏向此山行”在扶贫道路上，也许还有很多像“悬崖村”一样难啃的硬骨头，还有很多扶贫干部需要翻越的悬崖，扶贫精不精准，不看形式看成效；精准要在每个环节，将报道做到老百姓的心坎里了。报道播出后，引起了巨大反响。（题目：《“悬崖村”扶贫纪事》获第二十七届中国新闻奖二等奖　刊播单位：中央电视台 刊播时间：2016 年 5 月 25 日—2016 年 5 月 27 日）

3. 前瞻性原则

新闻工作者要站在大局意识和全局意识观上，结合当前社会背景、实际情况以及党的方针政策等，做前瞻性的判断，判断重大题材的价值去向，确定要表现的主题，要取得的传播效果。

随着新闻竞争越来越激烈，新闻策划已为越来越多媒体所重视。因此，谁能领先一步，占得先机，也就成了新闻策划成功与否的关键。要做到前瞻，首先要做到准确把握热点，做到“春江水暖鸭先知”才行。传媒工作者具有高度的新闻敏感，媒体和记者要与社会各界保持密切联系，要将新闻触觉伸展到各个角落，一线记者要多种渠道搜集选题信息，要做全天候的新闻人。

龙口广播电视台播出的《191 天的牵挂》，王慧是山东龙口的王承业夫妇 10 年前从黑龙江收养的女孩。4 年前，被查出患有再生障碍性贫血。养父母倾尽所有为其治疗，仍然无济于事。2015 年 12 月初，王慧的血小板数量突然下降到 7。医生介绍，如果不及时进行骨髓移植，孩子的生命可能在 2016 年春节前后走到尽头。时间就是生命，龙口广播电视台获情后，立即联合山东、黑龙江、黑龙江勃利县、四川巴中等地的电视媒体进行爱心大接力，在全国各地共同寻找王慧的亲生父母。经过多地记者的连续奋战，终于在辽宁省沈阳市和内蒙古赤峰市分别找到了王慧的亲生父亲和亲生母亲，并且在春节前进行了骨髓移植。在全社会的共同努力下，191 天后，王慧终于重获新生。本片坚持“用心灵去倾听、用亲情去叙述、用激情去传播”的理念，通过养父母、新闻媒体、社会大爱三条线索，反映了 191 天里，社会各界做出的巨大努力。用纪实的手法记录了寻找的曲折历程和养父母对孩子深深的爱，以细节打动人心，重现了这场社会各界共同参与的生命接力。本片响应习近平总书记提出的“新闻舆论战线要与党和人民同呼吸，与时代共进步，深入反映群众呼声”的要求，落实服务人民的“走转改”价值取向。（题目《191 天的牵挂》 获二十七届中国新闻奖三等奖　刊播单位：龙口广播电视台　刊播日期：2016 年 6 月 23 日）

选题策划中应用创造性思维独辟蹊径地考虑选题就是选题创新。选题是电视新闻的源头，选题创新至关重要，不仅吸引观众的注意力，还能增强电视媒体的品牌效应，带来流量和关注度。

（三）拍摄文案的准备

分镜头脚本是电视新闻专题制作必不可少的前期准备，其人物根据解说词、所要表达的主题设计画面。分镜头脚本的作用，就好比建筑大厦的蓝图，是摄影师进行拍摄，剪辑师进行后期制作的依据和蓝图，也是演员和所有创作人员领会导演意图，理解剧本内容，进行再创作的依据。

分镜头脚本又称摄制工作台本，也是将文字转换成立体视听形象的中间媒介，主要任务是根据解说词和电视文学脚本来设计相应画面，配置音乐音响，把握片子的节奏和风格等。

分镜头脚本的作用主要表现在：一是前期拍摄的脚本；二是后期制作的依据；三是长度和经费预算的参考。

山东教育卫视《我们这样爱国》分镜头脚本

编号	拍摄地点	画面内容	景别	拍摄方法	时间	备注
1	清晨六点 大明湖	清晨六点太阳升起，湖面、荷花、柳树等写意画面	航拍 大全 特写	航拍由远及近缓缓运动，湖面、荷花、柳树需带关系拍摄运动镜头	10s	轻音乐 环境声
2	清晨六点 大明湖	一群青年在大明湖晨跑，集体跑步冲向镜头，飞快的脚步，迎着阳光满头大汗	航拍 横移 近景 特写	正面轨道低角度广角拍摄，集体跑步冲向镜头。轨道横移侧面拍摄，摄像机运动与晨跑者逆行。逆光满头大汗升格拍摄，脚步特写升格拍摄，横向航拍，预留出文字空白	10s	强身健体，让体育精神代代相传

续表

编号	拍摄地点	画面内容	景别	拍摄方法	时间	备注
3	早晨八点 卧室 洗漱间	清晨拉开窗帘，打开窗户通风。打开水龙头，用洗手液正确洗手	全景 近景 特写	固定广角拍摄拉开窗帘，特写拍摄开窗。打开水龙头特写，近景拍摄挤洗手液，俯拍正确洗手姿势	10s	科学防护，让防控举措更有效
4	早晨八点 客厅	母亲带好口罩，然后也为儿子带好口罩，母子二人戴上口罩对着镜头微笑	全景 近景 特写	母亲为儿子戴口罩全景旋转拍摄，戴口罩特写升格拍摄，母亲戴口罩近景拍摄，母子二人对着镜头微笑全景拍摄，背景要求干净	10s	科学防护，让防控举措更有效
5	中午十点 曲水亭街	曲水亭街航拍，古代建筑延时拍摄，熙熙攘攘的人群	航拍 全景 特写	曲水亭街航拍由远及近缓缓运动，古代建筑低角度拍摄	10s	
6	中午十点 曲水亭街	外国游客向志愿者问路，志愿者热情服务，外国游客给志愿者点赞，志愿者微笑	全景 近景 特写	游客热情服务全景缓推，外国游客近景横移，志愿者手势特写，挂着红旗拍摄志愿者和外国游客，外国游客点赞升格拍摄，志愿者微笑升格拍摄	10s	暖心服务，让世界感受你的友爱
7	早晨八点 泺源大街	大街上车水马龙，交警指挥交通，行人匆匆行走	航拍 全景 近景	航拍城市街道，交警指挥逆光低角度仰拍，行人脚步低角度升格拍摄	10s	
8	早晨八点 泺源大街	斑马线路口汽车缓缓驶来，看到路边戴着红领巾、背着书包的小学生，汽车缓缓停下，司机微笑摆手让小学生过马路，小学生在交警或者志愿者的带领下开心穿过斑马线	航拍 全景 近景 特写	航拍汽车缓缓行驶，正面低角度拍摄汽车缓缓停下，司机微笑摆手升格拍摄，学生过马路近景升格拍摄，脚步特写升格拍摄	10s	礼让行人，让文明为生命保驾护航

续表

编号	拍摄地点	画面内容	景别	拍摄方法	时间	备注
9	早上九点 疫苗接种点	青少年在大门前排队接种疫苗，青少年在前台登记，工作人员热情服务，接种人员给青少年打疫苗，青少年接种疫苗后冲镜头微笑比心	航拍 全景 近景 特写	青少年排队航拍由远及近，轨道拍摄青少年排队全景，青少年前台登记特写，工作人员热情服务近景。接种人员打疫苗特写升格拍摄，青少年冲镜头微笑比心升格拍摄	10s	全民疫苗，让防疫长城更坚固
10	早上八点 经十路	路边红条幅标语“佩戴头盔 安全骑行”，电动车上头盔特写，男子自己先戴上头盔，然后拿起电动车上的头盔给女儿戴上，父女两人骑上电动车远行，成排电动车骑行者佩戴头盔安全骑行	航拍 全景 近景 特写	轨道横移拍摄横幅标语，电动车上头盔特写，全景低角度固定机位拍摄父女戴头盔，近景逆光拍摄父亲给女儿戴头盔，头盔扣子特写升格拍摄，摄像机放地上拍摄电动车由近及远远行，航拍一排电动车安全骑行，航拍预留空白加字幕	10s	头盔骑行，让规则成为安全助力
11	中午十点 书房	书法家在洒进阳光的书房写毛笔字，毛笔字内容为“我爱你中国”	全景 近景 特写	轨道横移拍摄书法家写毛笔字，透过笔架拍摄写毛笔字近景，写毛笔字特写升格拍摄，画面不要太实，挂着前后关系，全部写意画面	10s	传承国粹，让民族文化源远流长
12	晚上八点 戏院	青衣女子在舞台上表演戏曲，青衣女子挥舞衣袖旋转身体，最后甩出衣袖露出正脸	全景 近景 特写	轨道拍摄表演全景，挥舞衣袖，旋转身体升格拍摄，露出正脸升格拍摄	10s	同上

（四）解说词的写作

1. 专题类解说词写作要求

专题类解说词的写作

在专题类电视新闻节目中，同为声音元素的解说词和同期声一般交替出现、穿插运用画外音及记者、主持人的口头表达，而解说词的作用一般为画面做解释、补充，也可作为画面的深层意义为引申、生发。解说词的写作有以下几个要求。

（1）画面、同期声互为补充。专题类节目电视节目的解说一般不能独立存在，依附于画面，是节目各类语言中一个重要的构成要素，与其他要素互相依存，相辅相成。如果把解说词从节目中单独抽出来，就会发现它们东一句西一句，思维上存在着跳跃，段落件不够连贯，逻辑上也不够完整，但正是这种不连贯和不完整，采访画面、同期声等专题类电视新闻节目的其他要素提供了应有的空间。

电视专题《爱之信使》（第二十九届中国新闻奖三等奖）讲述了盘锦市邮政分公司双台子投递部的投递员张东洋在投递路上八年如一日，悉心帮扶照料几位孤寡老人的感人故事。在这篇新闻作品中，解说词的使用补充画面、完善报道。不仅突出了投递员张东洋悉心照料空巢老人的高尚品德，更展示了张东洋无私奉献的主题，烘托了他和老人温暖的“忘年交”。解说词比画面灵活得多，是对实物和形象的解说，在张东洋照顾老人，给老人买菜，在医院搀扶着老人活动的画面中，因为解说词的运用显得人物事迹更加深刻，给人的印象历久弥新。

解说词补充了画面无法传递的内容，如：报道中经常会出现一些数字，尤其数字的表达比较重复，这些都很难在画面中形象地表现出来，这就要借助解说词。在这篇新闻中，张东洋服务区域较大，日固定点 238 户，投递报刊流转额 17.6 万元，日投递里程 37.2 公里，这些数字以解说词的方式表达出来，更加体现他敬业的工作态度。

（2）简捷流畅，口语化。专题类电视新闻节目的解说是为“说”而与的，因而有效地利用有限的时间和空间、简练准确地叙述事头和分析议论显得尤为重要。同时，考虑到电视广泛的群众住机转瞬即逝的传播特点，在写作解说词时应尽量使用通俗、生动的大众化语言和较强的口语化方式。

口语化写作

例如：《55 岁大妈的“潮”生活》获第二十九届中国新闻奖三等奖；刊播单位：建瓯市广播电视台；刊播日期：2018 年 2 月 13 日。

解说词：对于农村的交通工具，大伙还停留在什么印象上呢？手推车、牛车、还是拖拉机？这些其实都已经过时了。最近几天众多网友就被咱们徐墩镇富头村一位村妇霸气的出行方式乐翻了，肩扛锄头、脚踢雨鞋，骑着平衡车，行走在乡间小道上。短短两天时间，微博上的这几张随手拍就收获了 6000 多赞。

……

龚阿姨家眼下还有一件大喜事，他们夫妻俩盖起了一栋五层新房，下半年就将着手乔迁了。

正文中大量口语化的运用，“肩扛锄头、脚踢雨鞋……身穿红大衣……眼下还有一件大喜事”听起来干脆利落，读起来朗朗上口。作品选题鲜活，采访扎实细致，同期声简练生动，画面感极强，配合视频，更增强了新闻的可视化和可读性。

（3）由头上要有时效。从时效性上看，电视新闻专题不及新闻强，我们在做新闻专题片的时候，确实常常遇到所谓在时间上过时而在内容上又确实有着现实意义的题材，这就要在稿件形成时找一个新近的由头。这个新近的由头，可以是事件出现了新情况，也可以用记者的活动来解决。

（4）内容上要淡同求异。虽然从时效性上看，新闻专题不及新闻强，但信息量却远比新闻大，这些信息对于观众而言，无疑是新鲜的。作为新闻专题，就要注意放大这些新鲜的东西。不能混淆了宣传价值与新闻价值的概念，我们务必要明白，有宣传价值的东西未必有新闻价值，有新闻价值的东西也未必有宣传价值。因此，不要把仅有宣传价值的东西当做新闻专题去做。

例如第 28 届中国新闻奖三等奖的获奖作品《翠翠的艾滋高考纪念册》，以高三学生翠翠为核心人物进行了为期 3 天的记录跟拍。作品采用纪实手法拍摄，以真实画面传递真挚情感，客观反映艾滋病学生所面临高考难、入学难、学习难等诸多问题，以期引起社会对于艾滋病学生的关注。作品聚焦弱势学生群体，用媒体方式尽可能帮助学生顺利完成高考，生动地讲述了中国教育故事。

（5）语言表述方式与时代同步。新闻专题文稿的语音特点要追随时代的脚步，充分运用时代的语言特点，我们在用词造句上要大胆引进这些富有时代鲜明印记的语言。

第 27 届中国新闻奖新闻专题一等奖获奖名单中，其中一个作品名为《“僵尸企业”重生记》，标题不似常规新闻的标题那般严肃，反而让人有一种想要关注的欲望。作品紧紧抓住处置“僵尸企业”这一重大题材，以典型案例深入剖析，充分挖掘了各个方面、各个层次的利益诉求和矛盾冲突，深入展现了改革者通过大刀阔斧的改革推动企业重生的过程。

（6）手法上要渲染气氛。用多种手法渲染气氛，多见于以褒扬性为主的专题片中。如用画面渲染，用解说词“拔高”，各种肯定性的评价同期声等，这样的节目我们经常见到。

其实，采用各种手法渲染气氛，也可以用在揭露性专题片中。例如第 27 届中国新闻奖一等奖大型电视专题片《永远在路上》的第一集《人心向背》中，全国人大环资委原副主任白恩培说：“我悔恨，共产党多年培养的省委书记，怎么变成这样子，我给党组织带来的损失太大了。”记者适时地在解说词中用了这样一句话：“对一个国家、一个政党来说是人心向背，对一个领导干部来说，便是群众的口碑，道理是相同的。”节目主题一下子升华，节目标题也自然被引出来。

比如在专题片《祝庄在呻吟》中，记者运用同期声介绍了句容河以前鱼多虾肥之后，连续在两段解说词里写道：“曾几何时，清秀的句容河黑了脸，两岸草木枯黄，鱼死虾绝，连螺蛳都消失得无踪无影。”“鱼死了，虾绝了，那么人呢？离不开这条河的祝庄人呢？”记者对这条河污染的痛心和对祝庄人的关切，很自然地传达给了节目的观看者。

2. *声画对位*

声画对位是指声音和画面分别表达不同的内容，各自独立发展，即在形式上不同步、不合一，但两者又彼此对列、彼此配合、彼此策应，分头并进而又殊途同归，从不同方面说明同一事物的内涵。这种声画结构形式，称为声画对位。它是一种声画结合的蒙太奇技巧，能产生声音和画面各自原来不具备的新的寓意，包括对比、象征、比喻等效果，给人以独特的审美享受。电视新闻的画面具有形象性的特点，能明确传达信息。而对画面无法表达的新闻信息，或观众有疑问的新闻信息，或无现场画面的新闻信息，可采用声画对位的方式。

三、电视新闻专题制作流程

电视节目专题创作是一个技术与艺术的创作，通常，我们把电视节目专题制作过程分为若干阶段。

（一）构思创作阶段

节目构思——主题研究、观众研究——剧本或创作提纲草拟——初步计划——制作说明等。

（二）拍摄阶段

演员排练——分镜头剧本——拍摄场地准备工作——技术设备准备工作——预排练工作——实录拍摄工作。

（三）后期制作

检查拍摄素材——镜头编辑——编辑合成——审看、修改——拷贝、发行、存档——剧本定位。

自学自测

一、单选题

1．专题类新闻节目中，在时效上，与消息类新闻节目最为接近的节目形态是（　　）。

A．专题报道　　B．专题新闻

C．专题调查报道　　D．电视专访

2．景别是指（　　）。

A．被摄物体在画面中呈现的范围

B．摄影机与被摄物体之间距离的变化

C．被摄物体在摄影机镜头前纵向空间位置的变化

D．在同一距离上运用不同焦距所摄的画面

3．在画面编辑中，把几个主体内容类似的画面连接在一起，以渲染气氛，强调情节的组接方式是（　　）。

A．积累　　B．对比　　C．比喻　　D．象征

4．电视新闻节目主持人区别于广播新闻节目主持人的重要标志是（　　）。

A．体语运用　　B．现场采访　　C．现场报道　　D．专题访问

5．舆论监督，实质上是（　　）。

A．新闻媒体的监督　　B．人民的监督

C．党的监督　　D．政府的监督

6．消息类电视新闻节目，主要运用消息体裁，而消息体裁的基本特点是（　　）。

A．形象传神　　B．简明扼要　　C．结构紧凑

D．取材精粹　　E．迅速及时

7. 新闻广播节目对于语言的基本要求，除了坚持口语化、通俗化的方向外，还应（   ）。

A．按写作的方式组织语言，力求具有一定的交流感

B．利用有声语言的特点，创造听觉形象和声音美感

C．保持稿件的语言特点，注重稿件各自的语言风格

D．与实况音响紧密配合，生动地再现事物

E．协调各种稿件的语言，使节目成为和谐的有机整体

二、简答题

1．简述电视新闻专题的特点。

2．简述声画对位的操作要求。

三、实训操作题

针对校内思政活动《感动山传》的采访对象，结合人物特点，列出新闻专题的分镜头脚本，镜头数量不低于 35 个。

课中实训

实训项目

在完成课前知识部分的学习、巩固电视新闻专题制作相关知识的基础上，按照实训项目顺序依次完成实训任务。实训过程中可采用线上线下混合学习方式，学生以小组为单位协同合作，运用一些新媒体制作工具、平台辅助电视新闻专题的制作，通过头脑风暴集思广益，共同完成实训任务。

实训一 认识与了解电视新闻专题制作

实训目标

1．掌握电视专题制作流程，包括标题拟制、画面剪辑、音响合成、字幕设计以及所有构成这些要素。

2．在“以视为主，以听为辅”的原则指导下，协调和处理好画面、同期声、字幕，解说词等方面的关系，使电视专题片诸要素及构成诸要素的子要素之间优势互补，形成合力，共同为突出主题服务。

思政目标

1．了解和认识电视新闻专题创作与传播目的和初衷，把握电视新闻专题舆论导向。

2．将思政与教学实践相融合，着力实现在价值传递中凝聚知识底蕴、在知识传播中强调价值引领，构建全员、全过程、全课程的立体化育人格局，结合电视新闻专题制作学科特点与行业发展需要，不断提高学生思想水平、政治觉悟、道德品质、文化素养，让学生成为德才兼备、全面发展的人才，培养出优秀的新闻工作者。

任务　观看新闻专题《静默的山碑——长渠如歌 红旗渠通水五十周年记》，思考电视新闻专题的特点。

任务要求

（1）根据所学内容，思考此新闻专题具备的特点。

（2）根据此新闻的特点叙述对电视新闻专题的了解和认知，并填写下表。

（3）2015 年 4 月 5 号，红旗渠总干渠正式通水五十周年。当年参与建设的那些年轻人，大多已过古稀之年，还有一些人则把生命永远留在了红旗渠。专题片的记者们拍摄近六百分钟的素材，凝缩成 14 分钟，制作出《静默的山碑——长渠如歌 红旗渠通水五十周年记》，这是一部优秀的电视新闻专题作品，根据你对电视新闻专题片的认知，思考《静默的山碑——长渠如歌 红旗渠通水五十周年记》在策划、拍摄、剪辑等一系列方面都具备哪些优点？为什么能成为优秀的电视新闻专题作品？

《静默的山碑——长渠如歌 红旗渠通水五十周年记》专题片特点分析表

标题特点	
拍摄形式	
拍摄流程	
剪辑方向	
策划方向	
注意事项	

相关资料

《静默的山碑——长渠如歌 红旗渠通水五十周年》简介

2015 年 4 月 5 日，《静默的山碑——长渠如歌 红旗渠通水五十周年》在河南电视台都市频道刊播。正值红旗渠总干渠通水五十周年，又恰逢清明节，节目对牺牲者的纪念、对红旗渠精神的重提，激起人们的共鸣。《静默的山碑》引起了国家、省、市级媒体的广泛关注，中央媒体、当地报纸、网媒等多家媒体进行了转载，节目作为视频资料在我省的红旗渠历史展览上多次播放，并送至林州市红旗渠纪念馆，成为珍贵的历史记录。

知识拓展

电视新闻标题

专题类新闻标题的写法

专题类电视新闻，标题一般是虚题。一般不宜太实、太露、太直，要做得虚一些、含蓄一些。而消息类电视新闻需要在标题中点明新闻要素，直截了当、和盘托出新闻事实，对新闻内容增加概括或评价的简短文字，作为吸引大家关注的一个要素，吸引大家阅读。

标题的制作是专题类电视新闻的重要组成部分，标题让内容庞杂的节目有一个明晰的主旨和中心，更加提升了节目的传播效果。标题不是凭空出现，而是产生于节目的构思、拍摄、编辑、制作等一系列创作过程中，体现了编导的创作意图，也提炼了节目的主题，是编导创作思想与情感的凝炼。

标题是节目的眼睛，好标题不仅读起来有力量，还简洁好记、吸引观众，而且寓意深刻，揭示文章的内涵。总体来说，专题类电视新闻的标题可分为三类，一类是直述式，一类是寓意式，一类是疑问式。

直述式标题，类似与消息标题以事实为根据，包含必要的新闻要素，并把主要事实集中、鲜明生动地表述出来，直接标出主题思想，简单明了，开门见山，一语中的，观众很容易理解和把握。例如《"蛟龙"探海——中国载人深潜海上试验纪实》《7.21 生命大救援》《营救两名被困可可西里澳大利亚探险者》《不能忘却的记忆——坦赞铁路圆梦纪行》《新闻调查·头号难题》《老井离横岭三十里》《隆林停尸堵路事件调查》《揭秘"狱中八条"》《"蛟龙"的第 100 次深潜——中国大洋 35 航次第二 三航段科考纪实》《"僵尸企业"重生记》《和平必胜——12·13 南京大屠杀死难者国家公祭日启示》《"千万巨奖"风波》等标题。

寓意式标题，通过修辞手法如：比喻、象征等，含蓄的引出主题思想。讲究美感，讲究意境，富有诗意，带有感情，看到标题而引起联想，扩展了观众的想象空间。这类标题形象生动，又必须符合新闻事实；富有寓意，传递情感，又必须契合主题思想，还要提神醒目，不能过于追求文采而晦涩。观众看完这个专题以后，再回味其标题，言有尽而意无穷，引起肚子感情的激荡。例如《生死相髓》《漂泊的种子》《水愿》《世博不眠夜》《西宁表情》《见证祖国的爱》《一个人的路》《鸿雁信使的高原邮路》《东海的呼唤》《逝》《迁徙》《爱洒陇原》《无影灯下的生死博弈》《远方的包裹》《黑暗中的风景》《永远在路上》《亲爱的》《铁血蓝盔悍国威》《191 天的牵挂》《生者》《让我们一起飞翔》《必由之路》《港通天下》《沧江日夜东》等标题。

疑问式标题，通过率先抛出问题，引起观众的好奇？吸引看下去的兴趣。前提是这个问题本身是观众所关心的或社会上正在讨论的，问题本身自带新闻价值。例如：《谁在猎杀中国公司》。

标题不只文字要精炼，更要新标出新意，做到"人所易言，我寡言之；人所难言，我易言之"。专题类标题要写得好，除了文学素养和文字功夫外，还与对政策知识的积累、对行业情况的把握、对民众心态的了解都有联系。了解政策，标题能高屋建瓴般，引导舆论；了解行业情况，能让新闻具有更强的针对性和指导性；了解民众心态，更能反映民意民声。

专题类标题概述了新闻事件发展变化的过程，再现人物的精神风貌，体现了新闻的本质特征和深刻内涵，使之成为窥视人物心灵的"窗口"。例如《铁血蓝盔捍国威》（第 27 届中国新闻奖三等奖）气势恢宏；《守望江豚》（第 28 届中国新闻奖二等奖）耐人寻味，扣人心弦；《永远在路上》（第 27 届中国新闻奖一等奖）生动形象地传达了党和国家对反腐、扶贫等方面的重视。

详细来说，第27届中国新闻奖三等奖中的《铁血蓝盔捍国威》，该新闻选题具有较大的社会意义，展示了我国维和部队的正面形象。“铁血”一词与军人相关，“蓝盔”则与本片中军人形象相符，“捍”字意味捍卫，短短七个字恰到好处的概括了本篇内容，又与本片主题相扣，气势恢宏，令人敬佩。第二个，第28届中国新闻奖二等奖中的《守望江豚》，它以搜救受伤江豚“康康”的新闻事件为故事线索，透过江豚保护志愿者余会功的视角，呈现长江江豚很多难得一见的镜头，可以极大的激发观众对长江江豚的保护热情，具有很强的现实意义，所以此标题即使对内容的概括更是一种对观众的呼吁，希望大家看完新闻后可以收到感触，加入到“守望江豚”的队伍中来。最后来看第 27 届中国新闻奖一等奖《永远在路上》，该片以习近平同志为核心的党中央把全面从严治党提升到“四个全面”战略布局高度，着力构建不敢腐、不能腐、不想腐的体制机制，对 10 余位因严重违纪违法而落马的省部级以上官员，对多个典型案例进行剖析和反思，用真实和坦诚打破了既有的路径依赖，是新时期党建和反腐工作的一项重大创新，在信息传播中剥离掉神秘元素，用更可感可触的人性和细节拉近和观众的距离。此标题一是让人们更真切地感知反腐的惊心动魄和任重道远，二是表决心，坚决不会停止反腐的道路，可谓让公众感受到了党中央全面从严治党的决心，并因此对党风廉政建设和反腐败工作有了更多信心。

了解专题类电视新闻标题的写作特点，便于掌握标题写作的一般规律，提炼新闻的内涵，专题类标题讲究深意和内涵，不仅能提示新闻内容、表达思想内涵，吸引观众的阅读兴趣，提升新闻意境。湖南卫视的《绝对忠诚》读起来铿锵有力，掷地有声，饱含对党的强烈感情，又唤起了人民的爱国心，契合了时代主题，又具有舆论引导力。潍坊电视台的《娘》，地道的北方方言，将母亲对傻儿子 56 年如一日的照顾和关爱，饱含在内，简洁有力，意味深长，这个专题片制作团队最先命名为《我的母亲》，再对比、考量、比较下，《娘》这个标题更能表达节目的内涵，“娘”虽土里土气，但更带有感情色彩，但对本地的观众更有贴近性，播出后也引起了观众的共鸣。

“认识与了解电视新闻专题制作”任务书

任务描述

通过学习实践，认识和了解电视新闻专题，掌握电视新闻专题的特点和制作方法，为后续实训项目有效进行铺垫。

认知过程分析

电视专题片不是纯新闻，它不要求时效性，而是追求历史的、文化的和社会的价值；它兼容某些新闻的特性，但与新闻有着本体的不同。它的重要功能就是“对事实和对真实自然的人、人性的高度尊重与揭示”。因此电视新闻专题片既不会取代其他电视艺术，也不会被其他电视艺术所取代，有着顽强的艺术生命力。我们要充分认识到它的特点，从而去分析和把握如何进行专题片的创作。

任务要求

观看新闻专题《静默的山碑——长渠如歌 红旗渠通水五十周年记》，思考电视新闻专题具备哪些特点。

任务分组

任务名称				日期	
班级				授课教师	
组号		组长		学号	
组内成员					
组员	学号	任务分工			备注

获取信息

引导问题 1：观看新闻专题《静默的山碑——长渠如歌 红旗渠通水五十周年记》，思考此电视新闻专题片具备哪些特点。

引导问题 2：根据《静默的山碑——长渠如歌 红旗渠通水五十周年记》新闻的特点，叙述对电视新闻专题的了解和认知，并填写表格。

项目	特点
标题特点	
拍摄形式	
拍摄流程	
剪辑方向	
注意事项	

引导问题 3：根据你对电视新闻专题片的认知，思考《静默的山碑——长渠如歌 红旗渠通水五十周年记》在策划、拍摄、剪辑等一系列方面都具备哪些优点？为什么能成为优秀的电视新闻专题作品。

引导问题 4：小组内讨论每个同学对所有引导问题给出的答案，综合每位同学的意见，确定小组的最佳答案。

组内成员	问题 1	问题 2	问题 3

评价反馈

引导问题 5：由小组长在班上进行陈述，由各位同学和老师进行打分评价反馈，并由老师点评。

<table>
<tr><td>组号</td><td></td><td colspan="5">评价内容</td></tr>
<tr><td colspan="2">评价人</td><td>问题 1（25 分）</td><td>问题 2（25 分）</td><td>问题 3（25 分）</td><td>问题 4（25 分）</td><td>总分</td></tr>
<tr><td colspan="2">小组评分</td><td></td><td></td><td></td><td></td><td></td></tr>
<tr><td colspan="2">教师评分</td><td></td><td></td><td></td><td></td><td></td></tr>
<tr><td colspan="2">教师评价意见</td><td colspan="5"></td></tr>
</table>

实训二　进行电视新闻专题制作的选题及策划训练

回顾我国电视专题片的创作历程，我们不难看出时代的烙印。而今的电视专题片已开始拒绝枯燥无味的叙事和冗长的镜头，追求“可视性”“节奏性”“故事性”。这就需要对电视专题进行全方位立体的选题策划和包装。

实训目标

1．通过独立选题，培养学生的新闻敏感度和创新性。

2．学习电视新闻专题制作选题要点、分析典型案例。

3．通过对电视新闻专题的策划，一方面培养学生挖掘事件本质的能力，增强学生的全局意识和对新闻的认知程度，提高策划水平；另一方面使学生能够更好地把握选题的主旨和本质，了解策划的内容及重点，激发学生的学习热情，培养学生积极向上、努力拼搏的精神，并锻炼学生与人沟通能力及表达能力。

4．确定各组电视新闻专题实训选题。

思政目标

1．引导学生多关注优秀新闻专题的策划方向和选题策略，将实训内容融入到思政育人中，从而进行有深度的思考，进行投入的表达，提高学生的新闻敏感性。

2．将教学实践内容与课程思政的育人目标相结合，在教学过程中正确引导学生创作出符合社会基本价值观念的新闻选题。策划出正能量、有社会价值和新闻价值的新闻作品。

3．将马克思主义基本理论应用在思想政治教育中，以此来指导电视新闻专题制作学科方向凝练和实践教学。做到围绕电视新闻专题制作的知识传授与马克思主义理论教育、思想政治教育同向同行、相互融合，形成协同效应。

任务一　分析《大山深处的留守老人赶集》案例，了解选题及策划流程

任务要求

（1）观看《大山深处的留守老人赶集》原片，分析《大山深处的留守老人赶集》选题背景和原因。

（2）分析《大山深处的留守老人赶集》的选题策划方案以及前期准备工作。

（3）阅读《大山深处的留守老人赶集》相关资料，总结电视新闻专题制作的具体策划流程。

相关资料

潍坊电视台《直播潍坊》播出系列节目《大山深处的留守老人赶集》，这是其中一集。记者带着睡袋上了山，山顶睡了一夜，用跟随式采访的方式，用镜头对老人们生活的艰辛进行了最真实的记录。其中，记者自掏腰包割了一斤半肉，引发了一系列新闻事件：彭先收大爷爱吃肉包子，却不舍得买肉；家里切肉的刀因为常年不用，切肉前他现去“磨刀霍霍”；水饺包好了，老人招呼来所有老人一起吃，像过年一样；一块肉，一顿饭，引发新闻点，展现了人物细节，通过画面和语言“原汁原味”展示了事件，从选题、到采访到解说词、同期声都做到了贴近，贴近了群众生活，贴近了民生。

……

【解说】天刚放亮，68 岁的李守英和老伴就起床了。下山前老人赶紧收拾起酸枣，她要顺便把它们带到集市上卖了换点钱。

【同期声】留守老人 李守英

记者：摘这么多酸枣用了多长时间？

我摘了一头晌。我光撸的，很扎得慌，那些棘。

【现场同期声】留守老人 彭先收（招呼别的老人一起走）

走啊，走。

【解说】这次下山赶集的一共有五位老人，平均年龄 73 岁。年龄最大的是 80 岁的彭先收，他还挑了二十多斤的酸枣和近十斤的花椒皮，也是要到集上去卖掉的。下山赶集有两条路，一条是用脚踩出来的山路，另一条是去年年底修好的 10 里水泥盘山路加 4 里的砂石路。由于山路比大路近 6 里多，老人们上下山更愿意选择走山路。

【现场同期声】下山镜头

记者：平时一般走多长时间？

往下走就得俩小时。

【解说】老人们告诉记者，平时这山路上也基本是他们的身影，因为年轻的不管男女都想方设法到山外成了家。原本 140 多人的村子，如今只剩下了他们 10 位留守老人。

即使轻装上阵，走这样的山路也不容易，更何况还挑着三十斤重的东西，记者本想帮忙，但实在是无能为力。老人赶忙接过担子，说他们几十年挑东西上下山虽然辛苦但都已经习惯了。

下了山路，到水泥路的时候，老人们都不得不在此歇一歇脚。

【同期声】留守老人 彭先收

记者：感觉这个膝盖特别疼啊。

疼啊，不敢走啊。一迈就生疼，你这还是腿不疼，腿疼的话（下山）更疼。爬山没事，下山撞得骨头疼。

【解说】彭先收说，村里几乎所有的老人都有腰疼腿疼和膝盖不好的毛病，跟他们这样上下山有很大关系。相对于崎岖的山路，水泥路是好走多了，但是还要徒步近 5 公里才能到杨集。

【同期声】留守老人 彭先收

以前不好走，以前光走这些河沟子。现在两个多小时就能到家了。

记者：你说的河沟是不是就这种？

光顺着河沟子走。

【解说】彭先收说，他和老伴到现在，去的最远的地方是青州，但也仅去过两次，而且两次还都是因看病不得不去的。虽然他们这里逢“4”和“9”是集，但是他们并不是每个集都赶。

【同期声】留守老人 张兴英

两三个集我不来了。

记者：是吧？那今天赶集是想买点什么？

我买点化肥种点麦子。

记者：要不平时一般是不是没有很重要的事就不来？

没有重要的事俺就不来。买封火柴也得来这里。

【解说】为了减轻负担，在半路上遇到收酸枣和花椒皮的，两位老人就赶紧把肩上的东西卖了。

【现场同期声画面】

【解说】虽然老人们路上仅歇了一次，但等赶到杨集集市上也花了一个半小时的时间。

【同期声】留守老人李元花买棉花

留守老人李守英：多少钱一斤，这样的棉花？

商贩：这样的十八，这个二十五。

李守英：哎呀，十八，最不好的多少钱？

商贩：最不好的，最不好的十三。

李守英：等着你再来的时候，你给我拿点最不好的那种，那些不好的，六七块钱的那种。

商贩：中、中、中。

李守英：你有没有那样的货？

商贩：咱还有。

李守英：我想着 我买你三斤多。

商贩：中啊。

【解说】李守英说，她预订这些棉花是为了老伴百年之后，给他做寿衣用的。在大集上匆匆买好东西后，老人们便接着往回返。几十年来，他们就是这样把东西一点一点背上山的。

……

赶集的时候，记者发现所有的老人都没有买肉的，上次八月十五记者去采访时，彭先收和老伴更是两盘土豆丝和一碗剩菜就过了节。于是这次在集上记者偷偷割了点肉。

【同期声】留守老人李守英

十五六块钱一斤，我就和你大爷算计，割一斤肉的钱，十五六块钱，还不如买点别的吃，买点别的还多买。哈哈。

【解说】家里正好还有刚从地里摘的芸豆，老人说这次就包芸豆肉的饺子吧。

【现场同期声】彭先收老人磨刀

【同期声】留守老人李守英

（有一次）我包的南瓜包子，包的那一种。他说吃包子吃包子，吃的啥包子，吃这样的包子。我说那你怎么不去割肉啊，我那不是那样说他。

记者：大爷喜欢吃什么包子？

李守英：他就好吃肉包子。

记者：那今天晚上正好。

彭先收：正好啊，你割了肉来了，吃个肉包子。

……

【解说】饺子包好了，彭大爷却忽然往外跑。

【现场同期】（彭先收喊人来家里吃饺子）：

二哥，你俩都上来吃水饺。

……

任务二　分析 2019《感动山传》励志青年人物李福康事例，思考人物特点及策划方案

任务要求

（1）阅读下列资料，了解李福康身上具备哪些特点，为什么会当选 2019 年《感动山传》自立自强板块的励志青年人物。

（2）如果让你来参与策划励志人物李福康的新闻专题片制作，你会如何策划，请根据资料写出策划方案。

相关资料

第一部分：

《感动山传》是我院新闻传播系的品牌活动之一，仿照《感动中国》节目形式，每年从学院在校学子中选拔十名优秀励志青年人物进行表彰。选拔类型分为自立自强、创新创业、尊师孝亲、乐学善思、助人为乐五种。这个评选，凝聚了一批触动心灵、动人心弦的思政育人成果，用身边人、身边事感染学生，发挥榜样的力量，给学生心灵埋下真善美的种子，引导学生扣好人生第一粒扣子，将理想信念教育融入其中，成为集思政育人、实践育人、资助育人于一体的品牌性活动。

第二部分：

笑染世事艰——李福康

李福康，我校信息工程系 18 级软件技术专业 4 班的学生，来自山东济宁泗水县金庄镇马头山村。

这一位来自济宁的男孩身上浸染着一股在儒家文化洗礼下糅合自身成长故事而成的独特的韧劲和拼劲，他以清代大文豪蒲松龄的自勉联“有志者事竟成，破釜沉舟，百二秦关终属楚；苦心人天不负，卧薪尝胆，三千越甲可吞吴”为座右铭，时时刻刻都以“苦心人”自居，上课时总是第一个到教室，笔记一直都记得密密麻麻，下了课就往图书馆跑，一待就是几个小时，就连回到宿舍也是常常学习到深夜，或许正是凭借着这样在别人看来难以理解的“书呆子”一般的刻苦与努力，让“有志者”最终“事竟成”，他的专业成绩在班里为第一名，系部的第二名。

在忙碌的学习之余，他还时常参与喜剧社的排练与演出，而喜剧社的演出往往需要不断地在不同的地方重复许多次，很多人都因此而感到厌倦，选择了离开，但是李福康面对一场场形态各异、大小不同的表演，从不肯懈怠，他始终认真排练剧本，一遍遍在镜子前重复每一个动作、每一句台词，从未有过一句抱怨，只因为他想要把最好的效果、最开心的一面展现给台下的所有观众，不想辜负台下任何一位观众的笑声和掌声。

正是这样一份独特的韧劲和拼劲，还有他身上似乎与生俱来的令人感到十分舒适的开朗乐观，让观众和喜剧社社长都对李福康的表演赞不绝口。

对此他却说“我其实也没有什么别的想法，要把快乐尽可能多地传递给更多的人，我只是想这么做而已。”

正如这座右铭一样，在李福康的背后同样也有着许多不为人知的故事。

在李福康同学卸下小丑的妆容、摘下小丑的头套，放下轻松搞怪的笑容之后，他却要以另一种截然不同的姿态去面对世间百态。这样一位在同学、老师眼里都十分开朗乐观的大男孩，他的家庭却困难重重。

2004 年的一天，父亲突然遭遇车祸，导致父亲成了一级残疾，生活不能自理，自那以后不幸随之而来，一个一个的打击无情地摧残着这个风雨飘零的小家，而李福康的母亲凭借着她瘦弱的肩膀独自一人撑起了这片即将要坍塌的天，带着李福康和姐姐度过了那段灰暗的岁月。

因为特殊的家境，李福康每每提及母亲，他都表示出由衷的敬佩和满心愧疚，他希望有一天，他能依靠自己的能力，把最好的都奉献给母亲。

如果说母亲对于李福康来说，是生命中最重要的人，那么姥姥就是李福康生命中最想感谢的人。

李福康小的时候是由姥姥一手养大的，他对姥姥有很深的感情，在他上中学时，经常记挂在家中的姥姥，生怕在某一天回家之后，见不到姥姥温暖的笑容，听不见姥姥慈祥的声音，而这份感情却因为年幼压在心底，最终化成了一种深沉无言的爱，催使李福康想要尽快、加倍地回报给姥姥。

对此他说："我之所以能成为现在的自己，有一大半的功劳都是我妈妈和我姥姥，还有帮助我的人，感谢他们的帮助，能够让我更愿意回馈社会，努力成才。"

对于母亲和姥姥的辛苦，他看在眼里、记在心里，所以每每回到家中他总是悄悄地帮母亲做着各种脏活累活，好让母亲哪怕多睡一分钟；帮姥姥按按肩膀，揉揉腿，希望能让姥姥哪怕缓解一分的疲劳。除此之外，他还励志要改变这个家庭，要让这个家越来越好。

他把所有乐观的背面都吞进肚子里，让所有的负能量化作笑容，以笑容面对每一天、每一个人，他总问自己，还能多做些什么让快乐传递给每个人；他总看自己，还能多做些什么能让乐观感染到每个人，这就是"苦心人"李福康，面对世间强加于他的苦难，他也能凭借着他的乐观与坚强，笑着与这乾坤之间的种种不幸做着"破釜沉舟"般的斗争，用乐观的笑容渲染这世间的同行者。

任务三　进行一个电视人物专题的选题策划

任务描述

以小组为单位，策划一个电视人物专题。

任务要求

（1）阅读下列相关资料，根据电视人物专题策划要领，结合相关理论知识，挖掘人物事迹和新闻事件，寻找线索，选择合适的、有意义、有深度的电视人物专题作为选题。

（2）对选题的相关素材进行调查，搜集有关资料，了解与此相关的话题，进行一些科学性、有理论依据和事实基础的调查。

（3）进行选题内容的策划，计划解说词的撰写、分镜头脚本的制作等内容如何进行。

"进行电视新闻专题制作的选题及策划训练"任务书

任务描述

通过学习实践，认识和了解电视新闻专题，掌握电视新闻专题的特点和制作方法，为后续实训项目进行铺垫。

认知过程分析

回顾我国电视专题片的创作历程，我们不难看出她身上的时代烙印。而今的电视专题片已开始拒绝枯燥无味的叙事和冗长的镜头，追求"可视性""节奏性""故事性"。这就需要对电视专题进行全方位、立体的选题策划和包装。

任务要求

（1）通过独立选题，培养学生的新闻敏感度和创新性。

（2）学习电视新闻专题制作选题要点、分析典型案例。

（3）通过对电视新闻专题的策划，一方面培养学生挖掘事件本质的能力，增强学生的全局意识和对新闻的认知程度，提高策划水平；另一方面使学生能够更好地把握选题的主旨和本质，了解策划的内容及重点，激发学生的学习热情，培养学生积极向上、努力拼搏的精神，并锻炼学生与人沟通能力及表达能力。

（4）确定各组电视新闻专题实训选题。

任务分组

<table>
<tr><td>任务名称</td><td colspan="3"></td><td>日期</td><td></td></tr>
<tr><td>班级</td><td colspan="3"></td><td>授课教师</td><td></td></tr>
<tr><td>组号</td><td></td><td>组长</td><td></td><td>学号</td><td></td></tr>
<tr><td colspan="6">组内成员</td></tr>
<tr><td>组员</td><td>学号</td><td colspan="3">任务分工</td><td>备注</td></tr>
<tr><td></td><td></td><td colspan="3"></td><td></td></tr>
<tr><td></td><td></td><td colspan="3"></td><td></td></tr>
<tr><td></td><td></td><td colspan="3"></td><td></td></tr>
<tr><td></td><td></td><td colspan="3"></td><td></td></tr>
</table>

获取信息

引导问题 1：分析《大山深处的留守老人赶集》案例，了解选题及策划流程。

____

____

引导问题 2：分析 2019《感动山传》励志青年人物李福康事例，思考人物特点及策划方案。

____

____

引导问题 3：根据所学知识，总结电视新闻专题制作的具体策划流程。

____

____

引导问题 4：小组讨论选择一个新闻专题，进行选题内容的策划，计划解说词撰写、分镜头脚本的制作等内容如何进行，填写下列表格。

选题方向	选题标准	策划目标	策划理念	注意事项
策划大纲				

引导问题 5：小组内讨论每个同学对所有引导问题给出的答案，综合每位同学的意见，确定小组的最佳答案。

组内成员	问题 1	问题 2	问题 3

评价反馈

引导问题 6：由小组长在班上进行陈述，由各位同学和老师进行打分评价反馈，并由老师点评。

组号		评价内容				
评价人		问题 1（25 分）	问题 2（25 分）	问题 3（25 分）	问题 4（25 分）	总分
小组评分						
教师评分						
教师评价意见						

实训三　练习电视新闻专题制作的采访、拍摄与文案写作

实训目标

通过实地采访及拍摄，一方面使学生将摄像机的操作理论与实际相联系，提高学生的摄像水平，另一方面在采访的过程中，锻炼学生的沟通能力，使学生能够较准确地抓住被

访者的兴奋点，善于引导被访者，并增强采访技巧。

思政目标

1. 强化案例教学，以政治性强、富有红色元素、内容鲜活的实训案例诠释红色文化、革命文化、优秀传统文化和社会主义先进文化，培育大学生的文化情怀，提高思想政治理论课教学的针对性，进行电视新闻专题制作的采访、拍摄与文案写作的训练。

2. 把思想政治理论课建设的基本要求与电视新闻专题的特殊性相结合，培育思想政治教育与行业需求相适应的特色领域、搭建基础平台。利用创新专业育人实践模式，以校园活动打造立德树人典范，加强学生的核心素养培育，真正达到立德树人、以德育人的目的。

任务一　根据《爱之信使》案例，分析如何进行电视新闻专题的拍摄与文案写作

任务要求

（1）观看《爱之信使》专题片，分析专题片拍摄技巧。

（2）分析《爱之信使》专题片拍摄镜头、景别、角度等的优缺点。

（3）根据相关资料，详细准确的了解《爱之信使》制作及拍摄流程。

《爱之信使》电视专题片优缺点叙述表

	拍摄方式	角度	景别	时长	画面
优点					
缺点					

相关资料

《爱之信使》简介

《爱之信使》获第二十九届中国新闻奖三等奖。作者是赵继奎、姚远、田辉、王叶溪、王煦鸣，由姚远担任编辑，并由盘锦市广播电视台刊播发布，最终由辽宁记协报送。

这篇新闻主要讲述的是，张东洋是盘锦市邮政分公司双台子投递部的一名投递员，他的身上有很多荣誉，如“盘锦市五一劳动奖章”“辽宁省劳动模范”等，但最令人动情的是他在投递路上，帮扶几位孤寡老人的事迹。经过实地先期访谈，搜集素材后，为了真实动人，专题片采用了“自述体”的形式，开篇以“93 岁的独居老人刘淑芹，每天没事就扒着窗户往外看……”为切入点，突出老人与小张之间深厚的忘年交。再从雨中为老人修屋顶、坚持为生病老人送报纸等多处细节描述，还原了张东洋八年来在工作之余关爱孤寡老人的事迹。这部获得辽宁新闻奖电视专题一等奖的作品，采用“自述体”讲述方式，以亲切动人的视角，将一位优秀的基层投递员呈现在受众面前。他身上一系列以小见大的现实故事，无不注重挖掘细节，注重情节，使得故事精彩，有血有肉。主人公身上那些能够映照出时代光芒的凡人小事，看似平凡普通却意味隽永，恰是能够“弘扬中国精神和传播中国声音”的好故事。

《爱之信使》全片时长为 9 分 16 秒，一共 142 个镜头，现截取部分镜头进行分析。

《爱之信使》部分分镜头

镜号	画面	景别	角度	画面内容	时间
1		近景	平拍 侧拍	一位老人站在窗前眺望	5s
2		近景	俯拍 侧拍	老人一双粗糙的手	2s
3		近景	平拍 侧拍	老人站在窗前眺望	2s
4	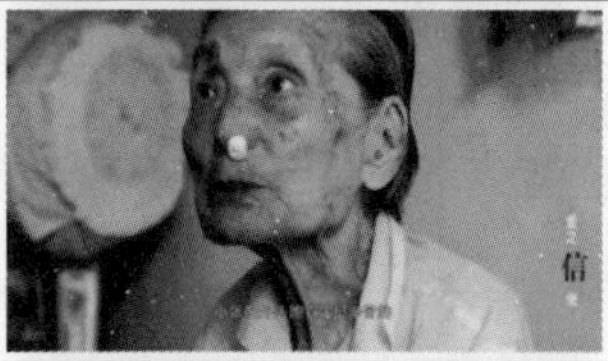	近景	微仰拍 侧拍	老人的画外音转入：“这么热的天，小张在外头跑肯定很辛苦的。”	3s
5		近景	俯拍 正拍 空镜头	下雨了，雨滴落在地上	3s
6		远景	平拍 背拍	一辆绿色的邮政车正在行驶	2s
7		特写	俯拍 侧拍	邮政车的车头和驾驶人的脚，画外音转出：“不说感谢吧，就是小张吧”	2s
8		远景	平拍 正拍	在邮政三轮车的窗内看到一位邮递员正在院子里俯身扫地，屋内有一位老人坐着看向他，画外音转入：“就是像我自己家人一样。”	3s

续表

镜号	画面	景别	角度	画面内容	时间
9		近景	仰拍 正拍 空镜头	阳光下树叶在微风中摆动	1s
10	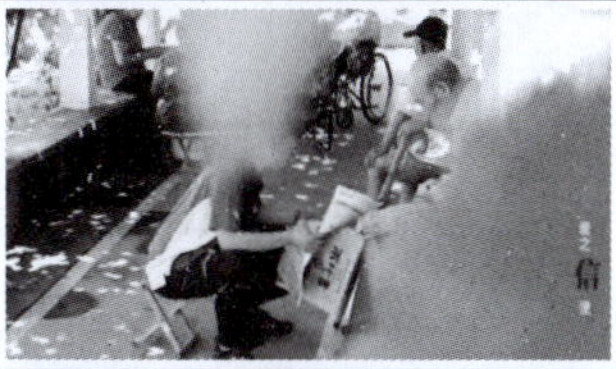	远景	俯拍 侧拍	邮递员和老人对坐着看报	3s
11		近景	平拍 正拍	画外音转入老人："他真正地特别可爱，这孩子。"	2s
12		远景	平拍	一位邮递员和一位老人坐着聊天	3s
13		近景	平拍 侧拍	一位老人在打电话："小张啊，天这么热，在外面开车注意点啊。"	5s
14		远景	俯拍 正拍	邮递员在一个墙上插着国旗的小屋读着东西	5s
15		全景	平拍 背拍	一辆邮政三轮车在路上行驶，画外音转出："这些空巢老人和我是忘年交。"	2s

任务二　观看《191 天的牵挂》，分析拍摄、采访要领

（1）观看《191 天的牵挂》，撰写它的分镜头介绍。

（2）根据相关资料和分镜头脚本，分析本专题片的拍摄特点。

（3）新闻线索是某个成为新闻的某种事实所传播的信息，是已经、正在或即将发生的新闻事实所发出的信号。本片有三条主要的新闻线索，请将你认为的三条主要线索填写到下列表格。

《191 天的牵挂》主要新闻线索叙述表

线索 1	
线索 2	
线索 3	

（4）本片记录了从帮助王慧寻找亲生父母至王慧痊愈出院的故事，以细节打动人。让观众们了解了整个救助过程的艰难险阻，把更加深刻、入微的情感传递给观众。为了最大限度还原新闻真实，你会如何采访拍摄对象？请列出五类主要人物的采访提纲并简述拍摄计划。

人物采访提纲陈列表

人物 1	采访提纲	拍摄计划
人物 2	采访提纲	拍摄计划
人物 3	采访提纲	拍摄计划
人物 4	采访提纲	拍摄计划
人物 5	采访提纲	拍摄计划

相关资料

《191 天的牵挂》简介

《191 天的牵挂》是一个电视专题的纪录片，刊播单位为龙口广播电视台，首发于 2016 年 6 月 23 日，《民生 365 节目》，时长 42 分 24 秒。

新闻记录的是一个叫王慧的小女孩是山东龙口的王承业夫妇 10 年前从黑龙江收养的，4 年前，王慧被查出患有再生障碍性贫血。养父母倾尽所有为其治疗，仍然无济于事。2015 年 12 月初，王慧的血小板数量突然下降到 7。医生介绍，如果不及时进行骨髓移植，孩子的生命可能在 2016 年春节前后走到尽头。时间就是生命，龙口广播电视台获情后，立即联合山东、黑龙江、黑龙江勃利县、四川巴中等地的电视媒体进行爱心大接力，在全国各地共同寻找王慧的亲生父母。经过多地记者的连续奋战，终于在辽宁省沈阳市和内蒙古赤峰市分别找到了王慧的亲生父亲和亲生母亲，并且在春节前进行了骨髓移植。在全社会的共同努力下，191 天后王慧终于重获新生。本片记录了从帮助王慧寻找亲生父母至王慧痊愈出院背后经历的困难和喜悦，以细节打动人。让观众们了解了整个救助过程的艰难险阻，把更加深刻、入微的情感传递给观众。

任务三　根据实训项目（二）所策划的人物专题，进行人物专题新闻的拍摄

（1）根据实训项目（二）中人物专题新闻的选题策划方向，进行人物专题新闻的拍摄。

（2）根据新闻选题和策划方案，进行相关的人物采访和资料调查。

（3）要求拍摄有效镜头不低于 20 个，新闻标题控制在 15 字以内（包含一个及以上动词）、拍摄时要注意镜头的稳定性。

（4）写好新闻解说词，要求开门见山，第一段写最重要的事情，背景放中间或后面。

（5）撰写新闻拍摄的分镜头脚本。

知识拓展

电视专题片的拍摄与画面应注意什么？

1　镜头运动最忌乱

电视与动画、照片的主要区别之一就是镜头的运动。对镜头运动的主要要求就是平、稳、匀和定位，通过镜头的运动构成新的画面，表达新的信息。

平：就是所拍摄画面，构图应该是平衡稳定，无论是静物，还是运动的物体都应保持其水平线的平整一致。而当摄像机位作横向移动时，保持机身的水平也是尤为重要的。

稳：这是对摇镜头的基本要求。通过摇镜头给观众一个被摄体或其背景不断变化的相对稳定的视像。一般而言，摇镜头的速度应该是起幅和落幅较慢，中间稍快。操作时要考虑到全片的节奏。

匀：这是对变焦距操作和推、拉摄像机的基本要求。此外在变焦距和匀速推拉摄像机的同时跟上焦点，保证被摄体的清晰对保证画面质量至关重要。

定位：镜头的运动都存在着落幅画面的定位问题。即推、拉、摇、移、跟、甩镜头时，最后一个画面定在什么位置。镜头运动都是为了说明一个问题或引入新的主体。因此在操作运动镜头时，摄像人员要做到心中有数，眼明手快，根据主题的要求把镜头定在相应的全景、中景或特写等景别上，并且保持被摄主体始终在画面的相应位置上。

2　色彩还原要真

在电视专题片中，彩色还原的好坏是每个摄制人员都关心的事情，也是衡量电视专题片质量的标准之一。在拍摄过程中，影响彩色还原的因素很多，室内、室外，清晨、黄昏，日光、灯光频繁变化，这就要求摄制人员工作细心。

“练习电视新闻专题制作的采访、拍摄与文案写作”任务书

任务描述

对电视新闻专题进行采访、拍摄于文案写作方面的认识与练习。

认知过程分析

通过实地采访及拍摄，一方面使学生将摄像机的操作理论与实际相联系，提高学生的摄像水平，另一方面在采访的过程中，锻炼学生的沟通能力，使学生能够较准确地抓住被访者的兴奋点，善于引导被访者，并增强采访技巧。

任务要求

（1）对所选选题进行采访、拍摄与文案写作工作。

（2）思考电视新闻专题采访、拍摄、文案写作等方面需注意的事项。

（3）根据实训项目的训练，学习训练背后的交给我们的道理，思考作为一个新闻人应该具备的认知水平，拥有一个专业的新闻工作者应有的职业素质和道德素养。

任务分组

任务名称				日期	
班级				授课教师	
组号		组长		学号	
组内成员					
组员	学号	任务分工			备注

获取信息

引导问题 1：根据《爱之信使》案例，分析如何进行电视新闻专题的拍摄与文案写作。

引导问题 2：分析《爱之信使》专题片拍摄镜头、景别、角度等的优缺点，并完成下面的表格。

	拍摄方式	角度	景别	时长	画面
优点					
缺点					

引导问题 3：观看《191 天的牵挂》，撰写分镜头脚本，并分析本专题片的拍摄特点。

引导问题 4：新闻线索是某个成为新闻的某种事实所传播的信息，是已经、正在或即将发生的新闻事实所发出的信号。《191 天的牵挂》内有三条主要的新闻线索，请将你认为的三条主要线索填写到下列表格。

线索 1	
线索 2	
线索 3	

引导问题 5：本片记录了从帮助王慧寻找亲生父母至王慧痊愈出院背后经历的困难和喜悦，以细节打动人。让观众了解整个救助过程的艰难险阻，把更加深刻、入微的情感传递给观众。为了最大限度还原新闻真实，你会如何采访拍摄对象？请列出五类主要人物的采访提纲并简述拍摄计划。

人物 1	采访提纲	拍摄计划
人物 2	采访提纲	拍摄计划
人物 3	采访提纲	拍摄计划
人物 4	采访提纲	拍摄计划
人物 5	采访提纲	拍摄计划

引导问题 6：小组内讨论每个同学对所有引导问题给出的答案，综合每位同学的意见，确定小组的最佳答案。

组内成员	问题 1	问题 2	问题 3

评价反馈

引导问题 7：由小组长在班上进行陈述，由各位同学和老师进行打分评价反馈，并由老师点评。

组号		评价内容				
评价人		问题 1（25 分）	问题 2（25 分）	问题 3（25 分）	问题 4（25 分）	总分
小组评分						
教师评分						
教师评价意见						

实训四　进行电视新闻专题制作剪辑训练

实训目标

通过对节目的后期编辑，强化学生的镜头组接及非线性编辑技巧，提高学生的欣赏水平和审美能力。

思政目标

1．通过学习电视新闻专题的剪辑制作，了解电视新闻专题宣传正能量、促进文化发展、促进正向信息传播的制作方向和目的。

2．以内容为核心、以技术为支撑、以文化为引领，将大学生的文化与思想素质教育和剪辑训练相联系，巧妙地将思政元素融入课程实践，融进专业教学，让课程思政看得见、摸得着、入脑入心，充分发挥实践教学的育人作用。

3．引导学生树立正确的社会价值观和国家观，促使大学生形成积极向上的思想以及良好的职业道德观，成为未来传播积极思想的主要力量。

任务一　了解电视新闻专题剪辑与制作方法

知识拓展

电视专题片的剪辑制作流程

电视专题片通过剪辑制作，将已拍摄完成的图像、声音素材进行整理、选择、组接，以最终获得具有较高艺术性与欣赏性的专题片节目。其剪辑制作流程大致包括素材剪辑、镜头组接与特效制作、声音与字幕制作以及节目审看。

一、素材剪辑

素材剪辑即是对所拍摄素材进行粗剪，包括了观看素材的技术质量（如曝光是否正确、图像是否清晰等）与美学质量（如镜头画面是否美观、物体构图是否合理、色彩及光线运用是否正确等），然后将挑选出来的素材铺设在时间线上，以大致搭建出专题片的框架。

目前，专题片的剪辑环境主要采用的是线性编辑系统和非线性编辑系统这两种。由于线性编辑系统在剪辑过程中，需要进行大量的重复选镜头、确定剪辑点、上下镜头连接等工作，不仅对素材画面的磨损较大，而且剪辑工作量大，时效性不高。因此，近年来在专题片的素材剪辑中，普遍采用了非线性编辑系统，它不仅具有剪辑方便、灵活，以及多带复制画面无损失等多种优点，而且素材采集也很简单，只要将录像机与该系统进行正确连接，即可利用系统中的软件进行素材采集与剪辑工作。

二、镜头组接与特效制作

在素材初步剪辑后，还要进行多次的精剪，重点是进行镜头的组接与特效的制作。电视专题片各镜头间的衔接，通常采用的是各种特技效果，如切换、淡变、对比、积累等。应根据不同专题片内容的需要，为专题片画面添加适宜的转场特技及滤镜效果。

例如，在广告类专题节目中，可通过制作快节奏的、不断变化的特效画面来吸引观众；而在社会类、事件类等专题节目中，由于播出时间较长，且内容较严肃，事实性、科学性较强，这类节目就应利用好视听符号，以合理控制、调整专题片的节奏，努力增强其艺术观赏性，因此不适宜大量使用特效，可选择常规的切换、淡变即可。

同时，专题片镜头的组接除了采用特技效果以外，还应注意画面之间的逻辑性，这时就要利用蒙太奇组接的方式，重点是检查画面动静效果的组接是否合理，内容阐述的条理性是否清晰，镜头的组接是否流畅等。

三、声音与字幕制作

在镜头组接后，为丰富专题片节目的艺术效果，还需要进行声音与字幕的制作。声音制作主要包括了：搭配解说词和添加音乐效果。其中，搭配解说词是为了丰富节目内容、凸显主题，通过画外的声音语言，以弥补画面拍摄中的不足；而音乐的添加，是根据专题片内容的不同，适当的选取一首或几首乐曲作为背景音乐，要求音乐的选配应与专题片的题材、画面内容、解说词以及其他元素都能良好的配合。

字幕制作则是将专题片中出现的声音，以及需要重点引导的信息，通过文字的方式在节目中呈现出来，以强化观众对专题片信息的理解与索取。

四、节目审看

对剪辑制作完成后的专题片节目，还应反复审看，以查找出需要修改或完善的地方。包括了确认每个镜头的质量是否过关，前后镜头之间的转接是否自然，画面内容的表述是否正确，音视频是否同步，字幕是否出现错漏等。当满足剪辑制作要求后，即可将专题片输出，形成一定的格式文件保存。

任务二　根据实训二、实训三中的人物专题新闻策划、采访与拍摄，进行此新闻的剪辑制作

（1）根据实训三中人物专题新闻实训进展，进行此新闻的剪辑制作。

（2）最低时长五分钟，剪辑有效镜头不低于 40 个。

（3）要求画面清晰，表达流畅，镜头稳定，叙述清楚。

知识拓展

电视人物专题的策划与拍摄

专题片不同于新闻但也同时具备了新闻的几个特性；真人、真事、真情、实景，一切都是建立在真实的基础上。专题片也不同于纪录片，它可以揉入拍摄者的阐释观点以及感情切合的角度，不是硬邦邦直述让观众自己去感触。电视专题中人物专题是最具有时代性、情感性、可塑性的，如何能拍摄好人物专题，策划是必不可少的步骤。

现在以人物专题片《赵超》为例，分析人物专题的制作过程。

一、选题原由

典型人物的报道一直是专题类新闻的一个重点方向。2019 年是五四运动 100 周年，习近平总书记发表重要讲话，教导学生树立远大理想，热爱伟大祖国，担当时代责任，勇于砥砺奋斗，练就过硬本领，锤炼品德修为，为实现中华民族伟大复兴的中国梦贡献力量。这是这个人物出现的时代背景。

在前期与人物的交流中了解中，这个学生是贵州大山里的孩子，父母为了三个孩子在外地打工，一年只有年底才会回来，作为家里的长子，他开始承担起家里的一切，照顾弟妹妹，做饭，种田是生活常态。他特别刻苦，已经有了超过自己学生身份的成就，而且在镜头前的谈话也自然流畅。他对同龄人有榜样作用，有现实的针对性，也切合党中央的精神和当前时代背景需要。所以，选取了这一典型人物进行报道。

二、策划准备

资料收集：前期工作准备很重要，多看人物资料，多找背景资料，可以写个脚本。

策划案：通过哪种方式来表现？运用纪实手法，反映现实社会生活中的人和事，尽量减少人为痕迹，用生活的真实来突出人物的性格，片子找好切入点，最后又以记者与主人公畅想未来结束。这样就等于做好了一个纪实的框架，在拍摄过程中，深入贵州采访一周，素材资料较为丰富，丰厚饱满，真实感人。

通过细节描写来深化主题。为了达到内容和形式的统一，在整体风格把握上，我们力求朴实无华，努力展现一种平淡真实的生活。首先，在基调上，我们对主人公采取一种平视的态度，交友式的采访，在镜头前，把他作为朋友，平等自然地接触他、表现他，也正因为这样，他在镜头前也表现得格外自然放松，其次，在拍摄制作时我们也力求真实自然，在摄像过程中，我们大多采用平视的角度，不用大仰大俯，不追求强烈的视觉效果，同时也对生活细节适时抓拍。

没有提前做详细的策划案，有一个预估评判，出来一个大体的框架和拍摄纲要，然后在现场尽可能拍，拍不一样的东西。客观、平实而不人为地拔高人物形象，也不做刻意的煽情，让观众在亲切自然的氛围中被感染、被打动。

通过前期交流，得出的 40 个问题，是现场采访时着重可以展开的。

1. 贫困山区三个村只有一个小学，家里没有代步工具，步行上学的路都是泥路，要走 1 小时。

2. 父母没空，为了照顾妹妹，他晚两年入学，和妹妹一起上学。

3. 妈妈身体不好，每天要喝中药调养身体。

4. 爸爸长期劳作腰不好，不愿花钱只是忍着把钱留给家里的孩子。

5. 父母一年都不在家，建筑工哪里有活去哪里。

6. 父亲有一年去修川藏铁路，年底回来时钱被偷，那一年所有的生活花费都是借的，即使是借的也没有亏待 3 个孩子。

7. 父母和我不善于沟通，大部分的爱都是体现在行动上。

8. 受父亲影响很大，父亲教他少说话、多做事，做好自己的事情。

9. 在没接触到图书馆之前家里只有两本书，一个父亲的连环画，一本小舅给的三字经，都已经翻烂了，从小就对文学感兴趣。

10. 父亲去年发生意外手受伤，以后可能都没办法出去了。

11. 爷爷奶奶从不管我，因为母亲的原因，只关心叔叔家的孩子。

12. 小学在五年级之前学校没有图书馆，之后爱心人士给学校捐了好多书，用旧教室当图书室，开始在学校看各种书。

13. 初中看着别人吃零食玩玩具，自己的一些零花钱都存着买课外书。

14. 小学都是早上背去吃的，中午只能吃凉的。

15. 初中和高中都和妹妹在外面租房子住，因为租房子的钱比两个人的住宿费便宜，初中、高中都是自己买菜做饭，会便宜。

16. 高中的语文老师是除了父母最支持他的，到现在都有联系，大学送给老师一本自己的诗集。

17. 高中的时候看见别的同学有钱会抱怨自己为什么没有。

18. 对家里的感情都会写进诗里和散文里。

19. 他们村只有五个上学的，即使家里再贫困也要家里三个孩子一直上到高中。

20. 去年寒假有过辍学的想法，因为父亲受伤，想补贴家用。

21. 从小所有的假期都是在农田里度过。

22. 有过自卑的时候，因为身高再加上自己不善于沟通、性格内向，是第一次投稿成功给了自己信心。

23. 高中他们都在玩，自己一个人看书写作。

24. 初中自己写的东西不敢给家里看，怕被父母说不务正业。

25. 初中同学嘲讽他不会写，他一个月就写了一个笔记本证明自己。

26. 初中获得了第一次稿费，和家里分享了喜悦，家里才知道自己写作并开始支持。

27. 投稿被退回来的时候，沮丧过，没有被打击而是疯狂看书提升自己的写作水平。

28. 会用自己的零花钱和稿费给父母买他们喜欢吃的东西。

29. 回家的时候精打细算，坐绿皮火车 38 小时吃泡面来省钱。

30. 会经常给父母讲外面的事情。

31. 第一次兼职是高中毕业自己没告诉父母去了深圳的一个工厂，体会到了社会的不易，更深深体验到了父母的辛苦。

32. 从小学就会做饭，因为父母出去之后照顾弟弟妹妹都落在他身上。

33. 和妈妈有些时候吵架，事后会给妈妈倒水，不让妈妈生气。

34. 初一的时候只有一个人在家，我和外公带着弟弟妹妹在家里干了所有的农活。

35. 玉米这些东西都是靠背运到家里。

36. 用自己的稿费去过大理、西安、西藏、南昌，都是穷游坐最便宜的车，住最便宜的店。

37. 学习成绩和专业技能名列前茅，是新媒体编辑部部长。

38. 运用自己的专业做起了新媒体，有好几百万阅读量。

39. 大一的时候除了写作投稿还会去分快递、发传单、打包水果、接电影解说词和活动策划。

40. 现在每天都会写 6000 字，和网站签约。

三、采访提纲

（一）草拟提问纲目

草拟提纲时，要尽可能多地考虑一些问题，不怕问题多，就怕问题少，有助于在采访中及时把握采访内容的主线，掌握谈话的进度和方向。斯诺在 1936 年去陕北采访时准备了 70 个采访问题。正是有备而来，使他能够深入地了解中国共产党和中国工农红军，写出了脍炙人口的《西行漫记》。美国著名节目主持人华莱士也给自己的采访订下了一条规矩：至少在准备好 30 或 40 个扎扎实实的问题以后才去采访。

当然，采访纲目在具体采访实施时并非是不需要更改了，采访时也不应局限在这些问题上，还应听听采访对象说了些什么。如果采访对象回答内容已超出你的纲目，并且将采访引向更有内涵和新意的方面，那么记者就应该随机应变，临场再设计一些题目。但是，如果事先没有充分准备，临访时是很难提出好问题的。

草拟提问纲目应注意哪些问题，或者说应遵循哪些原则？谁是最难采访的？应该找谁公关？采访应该注意什么？有没有新闻价值？是否符合栏目宗旨和受众定位？选题是否能够过审？这些都是记者在要提前想到的问题。

在进行电视采访时，必须要注意：其一，采访者必须搞清自己要从回答中得到哪几个要点：其二，采访者必须肯定自己的提问能使观众立刻明白自己的意图；其三，采访者提出的问题能使观众立刻听明白。上述三个要求对我们如何拟订提问纲目是启发的。按第一个要求，所提问题的含义必须清楚、明白；按第三个要求，记者在提问时要运用简洁、具体、通俗的语言，避免使用晦涩难懂的词句。

此外，在草拟提问纲目时，还应注意问题的指向性和程序性。换言之，要注意问题之间递进的逻辑关系，以避免提问支离破碎。如果提问东一榔头西一棒槌，既不利于事实的深入挖掘，在后期编辑时，面对一大堆毫无章法的素材，还会使人感到无从下手。

赵超家人采访大纲:

问母亲

1. 阿姨，您好，可以和我们分享一下您和叔叔的日常吗?

2. 您的丈夫是个沉默的人，平时发生一些小争执，您们都是怎么处理的呢?

3. 您家有三个孩子，什么样的信念让您支持三个孩子念书?

4. 以后您希望孩子们是回来，还是支持他们过自己喜欢的生活?

5. 您是很厉害的母亲，供三个孩子念大学，而且三个孩子都学有所成，可以和我们分享一下您的教育方式吗?

6. 您是什么时候知道赵超喜欢看书的?

7. 您最初持什么样的态度?

8. 面对赵超文字的成就，您心中是怎么样的一个想法呢?

9. 您支持赵超继续追寻自己的文学梦吗?

10. 您的丈夫在西藏打工回来的路上钱被骗了，您当时的心情是怎样的? 又是什么支撑着您继续前行呢?

11. 面对丈夫的父母，您有什么想说的?

12. 听说您管教孩子很严格，不希望孩子走得太远，当您得知赵超去深圳您是什么感受? 为什么很担心孩子去很远，原因是什么?

13. 您当时支持赵超和妹妹出去租房子住吗? 原因是什么呢?

问父亲

1. 您是怎样追到阿姨的呢，平时您都是怎么秀恩爱呢?

2. 面对您父母的阻拦，您是怎样调节的?

3. 您沉默寡言，您平时都是怎么和孩子沟通呢?

4. 孩子发表的文字，您都会看吗?

5. 看完孩子的文章，您有什么样的感受?

6. 您出去打工，很辛苦，当时钱被骗走，您是什么感受?

7. 您希望您的孩子在远方追寻自己的梦想，还是回到这里生活呢?

8. 您支持孩子学习，有没有遭到村民的非议? 您持一种什么态度呢?

问高中语文老师

1. 赵超平时在学校是什么样的呢?

2. 您最初是什么时候发现赵超有写作上的天赋?

3. 赵超之前的文章写得怎么样呢?

4. 您是怎么指导他的呢？

5. 您平时是怎么帮助赵超的？他平时会写一些文章给您看吗？

6. 看到赵超现在有一点成就，身为老师，您可以和我们分享一下您的感受吗？

7. 您有在他高考选专业时给予一些指导意见吗？

问弟弟

1. 哥哥平时都喜欢做些什么呢？

2. 哥哥都是怎么照顾你们的呢？

3. 你喜欢看哥哥写的文章吗？可以说一下你的看法吗？

4. 哥哥平时对你们的管教严不严？他平时都是怎么和你们沟通的？

5. 你有没有想为哥哥分担什么？

6. 哥哥之前的性格是什么样的？是什么原因让他成为这样？

7. 哥哥去深圳的时候有没有提前告诉你？你觉得哥哥喜欢的外面世界是什么样的？你以后有什么打算？

8. 哥哥挣钱都会给你买东西吗？

9. 你觉得自己有这样的哥哥，幸福吗？可以说说你的想法吗？也可以悄悄和我们发发牢骚。

（二）最大程度发挥记者采访的功能

提升记者现场采访能力。优秀的采访记者可以把控新闻现场，他们都有着自己独特的才能技巧，王志擅长“质疑式”采访，白岩松持客观中立的立场，他们使得整个采访过程既有火药味又能理性推进。例如王志在“非典”时期采访过时任北京市代市长王岐山，他沉着冷静，充分运用激问、反问、借问、连问、质疑等采访技巧，使得整个采访过程异常精彩。

（三）学会对采访的材料进行剪裁

我们采访的记录就好比是做衣服有了布料，但有了布料并不等于就做出了好衣裳，要做好衣裳，还得对布料进行剪裁、加工。同样我们要想将采访配上新闻画面一起表达，也得学会对材料进行剪裁、加工。

怎样剪裁、加工呢？就是要根据你的采访目的，确定哪些内容能在片子中直接引用，哪些内容以解说词的形式来播放？直接引用怎么剪辑？哪些是重点语句？采访者的全部内容不可能都放进去，可以适当地摘其主要的写出来，但一定要注意不能断章取义，断章取义会曲解被采访者的意图。

（四）学会将采访现场的环境写入文章中

采访的过程，记者应学会观察，要观察环境的变化，人物的变化，观察被采访者的外貌，观察被采访者的神态变化……这一切都可以在片子中展示出来。

四、拍摄阶段

在拍摄上，根据拍摄文案，制订具体的拍摄计划，既要符合文案的主题要求、又要充分结合现场的实际，确定拍摄计划框架、根据在现场的观察完善具体的人物线索和时间顺序等细节，按照分工进行布置现场背景、确定访谈内容、选取摄像角度、调整采光补光、现场录音录像等等工作。

拍摄时一定要有最基本的要求，所拍摄的画面编辑后期可以用，能用最基本要求是：曝光准确、焦点清晰、素材时间长度要够，运动镜头的起幅落幅要多留一点时间，方便剪辑或延长素材时间使用。在拍摄人物专题片时，最怕的就是片子里情感元素不够，除了当事人同期声的采集，还要有具体看得见、摸得着的东西来为他所说的话作为情感的支撑。

人物背景的拍摄，用故事叙述的方式简单插入，显得灵活而不唐突。交代人物背景如他个人经历，能让观众清晰了解人物及所处的环境转变。在拍摄的过程中我们经常为逝去的场景而苦恼，无从表现，有时用老旧的照片体现，有时在后期的编辑剪辑时修改现有画面，也可以运用被采访者的同期声叙述，真实而且生动。

在拍摄同期声时画面要清晰度高，曝光度准确，稳定性要好，还原画面的真实色彩，画面要干净，不要出现话筒及记者的肢体部分。拍摄人物同期声时一般采用中景拍摄。中景可以很好地表现一定的环境气氛，又能表现人物之间的关系及人物的情绪的心理变化，是电视画面中最常见的景别，用来叙事和拍摄人物的整体形象。

进入实地采访拍摄时，在拍摄现场多观察，除了正常的访问，也要发现环境所透露的生活细节，而我们要做的就是把它们用镜头表现出来，你可以拍你认为好的东西，更重要的是抓住主体，结合前期的规划或者重点去抓住最自然的人物细节和生活细节，尤其是在极端情况下，没有什么可以拍摄的时候，需要睁大眼找寻可以代替画面内容的点。

例如：能带动情感的镜头：母亲采访时掉眼泪，在前期策划时，要求对母亲进行采访，并做了技术上的要求。现场采访拍摄时，机位、角度、景别等按照策划案里完成，但要注意的是，一定要抓住情感爆发的一瞬间，母亲流泪或情感的转变等细节。还有和采访对象的交流中，最难把控的可能是和被采访者的交流，并通过问题的设定进行情绪的引导。

根据前期材料显示，小学的图书馆对人物的帮助很大，所以我们去了主人公曾就读的小学，里面读物都是捐赠的，为了能更好地表现困难，我们并没有拍几个空镜就走了，而是找了一个孩子在那里读书，这样可以后期通过蒙太奇的剪辑方式将镜头串用，让画面更丰满。以人物的采访为主线，采用人物自述的方式，前期起承转合的连接点，一定要拍全。

镜头成组拍摄，方便后期剪辑。一个是拍田地里种苗的生长，需要低机位贴地拍摄，用100mm 镜头。100mm 镜头为也称微距镜头，具有 1:1 的放大倍率，多用来拍摄微小的物体，更能清晰拍到细节，可以得到更好的虚化和紧凑的构图。这样空镜拍摄，一是映衬家庭困难的主题，二也是为后期的转场做空镜准备。父母在田地里背着花篓在田地里耕作的镜头，用分割线构图拍摄，画面成剪影，近大远小的观念，画面左侧挂一点高大的树木。

技术上来说最难的拍摄，可能还是在如何更有意境突出人物或者物体本身，而不是把发生的场景记录下来就完了，毕竟来源于生活却高于生活。总的来说你要确保后期剪辑有足够的素材可用，所以这就需要去从各种角度、各种景别拍摄你想拍的任何东西。

拍摄生活及工作场景一般运用全景拍摄可以完整地展现人物的形体动作，并且可以通过形体表现刻画人物的内心动态。偶尔运用特写镜头，展示画面细节和人物特点。

拍摄角度平拍居多，真实的情境让观众感同身受，更能贴近生活、贴近现实。

五、撰写解说词，编辑成片

我们采用的是先拍后写的方式，在走进现场，拍摄到足够的画面后，对视频和采访进行整理和编辑，有了框架后，再撰写解说词，这样有效避免了“声画两张皮”的情况，让解说更贴近画面。因为拍摄现场有很多情况预料不到，这样成片的效率会更高一点。

（一）注意背景资料的插入

要立体化展现人物，除了现场的采访外，还有注意对背景资料引入，这样更能体现片子的厚度，背景资料在片子中除了以视频、照片，还可以以解说词的形式或人物自述展示，这样人物形象会更立体丰满，人物更加真实感人。

（二）镜头的艺术化

专题片会借用纪录片的手法，会用到某些艺术手法，如会使用长镜头，会用动画虚构无法取得现场画面的新闻现场。在专题类电视新闻中，需要真实性、现场性，就需要用无剪辑的拍摄手法来报道、传达发自事件现场的信息，长镜头在新闻节目中的运用带来的是参与感、伴随感、身临其境感和立体交叉感，观众随着镜头的视线运动，好像亲临现场或者伴随着镜头的运动而运动。

六、拍摄设备

在这个专题片拍摄中，一共有 3 个摄影师和 5 台设备（包括 3 台单反、1 台摄像机、1 台航拍机）。

三台佳能单反，两个型号为 6D Mark 2，一个型号为 5D Mark 4。

一台索尼摄像机，型号为：280。

四个佳能镜头，分别为：

一个 70 ~ 200mm 镜头：70 ~ 200 为长焦镜头，最长可拉至 200，可拍到较远的画面。

一个 16 ~ 35mm 镜头：16 ~ 35 为广角镜头，适合在近距离拍摄较广的画面。

一个 100mm 定焦镜头：定焦镜头适合拍人像，背景虚化强，成像质量细腻；也适合拍摄一些微距画面。

一个 24 ~ 105mm 镜头：20 ~ 105 为通用镜头，无论是拍人像还是拍风景都能应对，适合多个领域。

航拍将人们的人眼视角扩展到全新的视角，这种由上而下的摄影方式是从一种全面而客观的角度去展现事实；无人机航拍能够轻松解决一些日常我们无法攀爬的高度，拍摄到一些高角度的画面；航拍画面广且信息点多，能让观众了解得更深；其次，无人机航拍到的画面，场面宏大，气势磅礴，非常具有欣赏意义，给人一种焕然一新的视觉体验；在新闻片中，运用无人机的航拍，能够更真实、更全面地展现新闻事实。航拍以其独特的视角，全面而形象地展示拍摄地点，能够给观众带来焕然一新的视觉享受。由于无人机的普及化，航拍已成为拍摄的日常手段。

“进行电视新闻专题制作剪辑训练”任务书

任务描述

通过学习实践，认识和了解电视新闻专题的剪辑工作，掌握电视新闻专题剪辑特点和制作方法。

认知过程分析

电视专题片通过剪辑制作，将已拍摄完成的图像、声音素材进行整理、选择、组接，以最终获得具有较高艺术性与欣赏性的专题片节目。其剪辑制作流程大致包括素材剪辑、镜头组接与特效制作、声音与字幕制作以及节目审看。

任务要求

（1）通过对电视新闻专题进行后期编辑，强化学生的镜头组接及非线性编辑技巧，提高学生的欣赏水平和审美能力。

（2）进行新闻主题的后期制作，做好后期的电视新闻修改与完善。

（3）通过学习电视新闻专题的剪辑制作，了解电视新闻专题宣传正能量、促进文化发展、促进正向信息传播的制作方向和目的，引导学生树立正确的社会价值观和国家观，促使大学生形成积极向上的思想以及良好的职业道德观，成为未来传播积极思想的主要力量。

任务分组

任务名称				日期	
班级				授课教师	
组号		组长		学号	
组内成员					
组员	学号	任务分工		备注	

获取信息

引导问题 1：根据所学知识，叙述电视新闻专题剪辑与制作方法。

____

____

引导问题 2：根据前期实训项目中的人物专题新闻进展，进行人物专题新闻的剪辑制作。

____

____

引导问题 3：小组内讨论每个同学对所有引导问题给出的答案，综合每位同学的意见，确定小组的最佳答案。

组内成员	问题 1	问题 2	问题 3

评价反馈

引导问题 4：由小组长在班上进行陈述，由各位同学和老师进行打分评价反馈，并由老师点评。

组号		评价内容				
评价人		问题 1（25 分）	问题 2（25 分）	问题 3（25 分）	问题 4（25 分）	总分
小组评分						
教师评分						
教师评价意见						

项目评价

学生自评表

评价指标	评价内容	达标	不达标
信息检索	有效利用网络、图书资源、工作手册查找有用的相关信息		
感知工作	是否熟悉工作岗位，认同工作价值，在工作中是否能获得满足感		
参与态度	是否相互尊重、理解、平等		
	学生之间是否能够保持多向、丰富、适宜的信息交流		
	能否处理好合作学习和独立思考的关系，做到有效学习		
	能否发表个人见解、提出有意义的问题；能够倾听别人意见、协作共享		
	培养集体意识，积极参与集体学习活动		
思维态度	是否能发现问题、提出问题、分析问题、解决问题、创新问题		
自评反馈	是否能严肃认真地对待自评，并能独立完成自评测试		
分数			

小组互评表

序号	素质点互评	佐证	达标	未达标
1	协作精神	能够和团队成员协商，共同完成实训任务		
2	资源查找、整合能力	能够借助网络资源，查找相应的网络资源，能够将所收集的资料整合，加以利用		
3	职业道德、法律意识	能够掌握相应的法律法规，知道电视新闻专题片必须规避的敏感词		
4	严谨的工匠精神	认真对待实训项目，能够制作出优秀的电视新闻专题片		
5	自主学习能力	能够运用网络资源，自主学习经典电视新闻专题案例，从实践中获取相关知识和技能		

技能评价表

序号	技能点评价	佐证	达标	未达标
1	电视新闻主专题定义	能简述电视新闻专题定义		
2	电视新闻专题特点	简述六个特点概要		
3	电视新闻专题形式	三种形式分别是什么		
4	电视新闻专题制作策划流程	掌握策划方案撰写步骤，能够独立撰写电视新闻专题策划方案		
5	选题策划的原则	了解三种原则		
6	策划的思维方式	知道五种思维方式		
7	拍摄文案的准备	分镜头脚本撰写		
8	解说词的写作	撰写标题、写作要求、声画对位等是否达标		
9	电视新闻专题素材收集	素材能支撑起后续较好完成实训项目和课程学习的要求		
10	电视新闻专题制作流程	能熟知并简述制作流程		

教师评价表

序号	技能点自评	佐证	达标	不达标
1	新闻专题制作选题策划	能够依据选题的原则和技巧，策划出有深度、意义深远的选题		
2	解说词撰写	能够熟练掌握新闻稿的撰写。标题有新意、特色、抓人眼球。内容能够集中叙述事件。结尾紧扣主题		
3	镜头拍摄	画面主体明确具有表现力。构图合理、美观、画面清晰。合理运用推拉摇移等表现手法，动静结合，体现新闻主题		
4	镜头剪辑	画面剪辑流畅，现场声、同期声运用得当，视频、音频无硬伤，无字幕错误		

企业评价表

序号	技能点评价	佐证	达标	未达标
1	素材收集	素材主题鲜明，材料典型，事实准确，能支撑起电视新闻专题片的后续制作		
2	时长	时长不超过 45 分钟，不少于 5 分钟		
3	选题	选题有新意，接地气，以小见大，直观明了，有时代意义		
4	策划	策划立意新颖独特，表现性强，意义深远，有探讨价值和讨论意义		
5	拍摄	新闻性强、表现力强、拍摄角度好，突出新闻立意、有良好的视觉感受，画面感和真实性强，能给人强烈的冲击力		
6	文案	文案描写真实、语言生动、简洁大方		
7	稿件	符合新闻稿件基本写作要求，内容完整、主题鲜明、结构清晰、能传播正向的价值观念		
8	后期剪辑	音响清晰顺畅、画面运用得当、声画对位、镜头组接顺畅、有细节、有深度、有感染力		
9	配音	能允许出现漏读、错读，口齿清晰，表达流畅，感情充沛，符合语境		
10	舆论监督与价值导向	有社会传播意义，符合社会主流价值观、传播效果好，社会影响大，对推动社会发展有积极引领和示范效应		
11	总体特点	主题鲜明、特点突出、交互性强、社会反响好、技术先进、有传播力、感染力，体现新闻性、互动性、技术性的高度统一		
12	创新度与原创度	把握新闻时效性、时代性、美观性、独特性。在内容呈现方式、技术应用、报道内容、报道形式、传播渠道等方面有所突破或创新		

课后提升

案例 1　专题片《【“时代楷模”黄文秀】风雨兼程新长征、初心无悔永芳华》

这是全国优秀共产党员、“时代楷模”黄文秀首个全面系统的电视新闻专题报道。2019 年 6 月 16 日晚至 17 日凌晨，百色市凌云县山洪暴发，冲毁公路，多人伤亡失联，广西广播电视台 18 日早派出记者赶赴现场报道灾情，当晚记者确认，广西优秀选调生、乐业县新化镇百坭村第一书记黄文秀在事故中遇难。广西台以高度新闻敏感决定增派一组记者赶往百色。三组记者一组继续跟进搜救进展，一组赶往乐业县百坭村，一组联系文秀的家人和同事。悲伤的家属起初拒绝所有媒体采访，但记者以真诚执着最终获得信任，第一个采访到文秀家属，并第一时间获得文秀遇难当晚在家庭群留下的最后一条信息和被洪水围困进退两难的视频。另一组记者不顾山体滑坡、道路塌方危险步行进入百坭村，率先拍摄到文秀驻村日记的内容，采访到她对口帮扶的贫困户。随后的十多天，记者全程跟进事件进展，辗转乐业、田阳、百色、南宁、北京等地，采访了文秀的老师、同学、好友、同事、村民等，挖掘整理了 50 多个故事片段。7 月 1 日晚，央视《新闻联播》播出习近平总书记对黄文秀先进事迹作出重要指示和中宣部追授黄文秀“时代楷模”称号的重磅消息，仅仅一天后，2019 年 7 月 2 日，长达 24 分 12 秒的电视新闻专题《【“时代楷模”黄文秀】风雨兼程新长征、初心无悔永芳华》就在广西台新闻频道《新闻在线》栏目推出。

作品部分内容在央视《新闻联播》《准点直播间》及广西卫视《广西新闻》等栏目播出，“广西新闻频道”微信公众号集纳相关内容整合推送，推文被人民日报、央视新闻等中央媒体主微信号原文引用，全网点击量 24 小时突破 1000 万。其中 6 月 23 日央视《新闻联播》播出和广西台合作采制的长消息《“第一书记”黄文秀：初心不灭 青春无悔》，大量采用了本作品记者第一时间深入一线采制的独家视频。该专题集纳了记者半个月的深入采访内容，真实生动还原了一个反哺故土、扎根泥泞、将青春直至生命献给脱贫攻坚事业的基层优秀青年党员形象，感人至深，充满正能量，荣获国家广电总局 2019 年优秀作品。随着广西台和全国媒体的深入报道，黄文秀扎根基层默默奉献的先进事迹被广为传播。黄文秀先后被追授全国优秀共产党员、时代楷模、全国五一劳动奖章、全国道德模范、全国三八红旗手、全国脱贫攻坚模范、“感动中国年度人物”等荣誉称号。

思考题：

1. 观看《【“时代楷模”黄文秀】风雨兼程新长征 初心无悔永芳华》，分析这个专题片的新闻结构。

2.《【“时代楷模”黄文秀】风雨兼程新长征 初心无悔永芳华》具备新闻专题片的哪些特点？

案例 2 专题片《绝对忠诚——杨红兵：狼心山下航天人》

“你把生命交给了浩瀚，从此，雄关漫道真如铁，八千里路云和月，君问归期，应是中华崛起时。”大漠孤烟，戈壁红柳，长空雁叫。像阿甘一样的“火箭数据处理王”车著明、沙漠游侠屈建军、火箭燃料加注指挥员高敏忠、狼心山下航天人杨红兵等，以绝对忠诚的姿态坚守着自己的价值观，谱写了一个又一个共和国科学事业的辉煌乐章，他们是当之无愧的人民科学家，感人肺腑，令人敬畏。

人民的科学家，是时代的最崇高荣誉。他们以眷眷赤子情，拳拳报国心，带着国家使命，以“可上九天揽月，可下五洋捉鳖”的求实创新精神，刻苦攻关，写出了沉甸甸的科学传奇。他们如傲霜斗雪、凌寒怒放的红梅，流芳溢彩。

我们知道，王选的激光照排系统，袁隆平的杂交水稻，黄伯云的航空制动材料，成为改革开放、富国强民的重要助推器，也是科学技术是第一生产力的重要标记。这次湖南卫视《绝对忠诚》系列专题节目，又为我们打开了一个反映人民科学家工作和生活的窗口。这一系列群像，从万里之外风沙呼啸的地方向我们走来，他们是我们熟悉的陌生人，又是让我们一提到他们心就“扑通扑通”跳的亲人。在他们的身上，我们仍然看到了钱学森、陈景润、蒋筑英、罗健夫等前辈人民科学家的身影。他们没有人生荣华富贵的奢求，只有咬定事业青山的执著，只有对我国科学事业的一片赤诚。他们艰苦朴素，是他们不会花钱吗？他们几乎隔断了对亲人的照顾，是他们没有亲情的血液吗？从电视片中，我们不难找到答案。

社会主义核心价值绝不是抽象空洞的说教，《绝对忠诚》报道的这些人民科学家只是我国各个领域科学家的一个缩影，他们的感人事迹正是诠释社会主义核心价值观深刻内涵的生动写照。以科学造福于人民，同时让科学叩开青少年的心扉，让青少年插上科学的翅膀，是人民科学家的天职，也是“中国梦”命题的应有之义。

思考题：

1. 阅读《【绝对忠诚】扬红兵：狼心山下航天人》相关资料，观看原片，简述新闻专题制作的拍摄应注意的问题。

2. 如果让你来策划《【绝对忠诚】扬红兵：狼心山下航天人》电视新闻专题，你会如何策划？请简述其过程。

参考文献

[1] 周勇．视听新闻报道[M]．北京：中国人民大学出版社，2021．

[2] 常昕．广播电视新闻业务[M]．北京：中国人民大学出版社，2019．

[3] 李良荣．新闻学概论[M]．5 版．上海：复旦大学出版社，2013．

[4] 威廉·E.布隆代尔．《华尔街日报》是如何讲故事的[M]．徐扬，译．北京：华夏出版社，2006．

[5] 保罗·M.莱斯特．视觉传播：形象载动信息[M]．霍文利，史雪云，王海茹，译．北京：北京传媒大学出版社，2003．